W0466395

Que faire de simple aujourd'hui avec les

autres légumes ...

Conception originale, photographies, maquette, illustrations : Editions Chronoprint
Les auteurs : Annabelle Delaval & Arnold Weislo
avec l'aimable participation de Benoit Flahault

Editons 2011
Imprimé en UE
n° ISBN : 978-2-9529842-9 -4

85 recettes pour 4 personnes, faciles à réaliser,
pour retrouver le plaisir des légumes et la santé au quotidien.

LES AUTRES LÉGUMES ?

... Ceux qui ne sont pas dans le 1er livre, les légumes tout aussi courants mais moins choisis parce qu'ils paraissent moins « faciles » que la tomate ou la courgette.

Une nouvelle aventure simple et saine, autour des petits pois (dont la saison est plus courte), des côtes de bettes (toujours cuisinées en gratin), des betteraves méconnues....ou encore des herbes que l'on utilise simplement en déco.
J'ai eu envie de présenter des recettes avec les oignons, ail ou autre échalote que l'on consomme uniquement pour leurs vertus aromatiques.

Je suis allée chercher Benoît Flahault pour créer quelques recettes plus « techniques », pour créer un nouveau taboulé et nous présenter la vraie Blanquette de veau dans sa version « mini légumes ». J'ai dégusté les noix de Saint Jacques en croûte de Quinoa... pour découvrir qu'on peut rester très simple, même avec des légumes que l'on n'ose pas cuisiner tous les jours.
Ils sont pourtant indispensables pour varier les plaisirs, et aussi faciles à préparer quand on est clairement guidé !

Alors, plus d'excuses ! courez acheter des côtes de bettes et réalisez cette étonnante sauce au bleu, essayez les chips de betteraves, façonnez les petites galettes de lentilles et régalez-vous de plats simples et sains.
Osez les légumes bio et apprenez à manger mieux et à vous faire plaisir !

Annabelle Delaval

1, 2, 3....ET TOQUE !

Après m'être posé la question « QUE FAIRE DE SIMPLE AUJOURD'HUI AVEC LES LEGUMES FRAIS ? »,
j'ai été encouragé à poser la question des fruits.
2 années plus tard, vous êtes très nombreux à attendre avec impatience ce nouveau recueil de recettes simples et saines que j'ai voulu tout aussi pédagogiques et accessibles.
Moi-même, je n'ai pas souvent acheté de PANAIS ni de BETTERAVES, j'utilisais bien quelques brins de ciboulettes dans la salade mais les herbes....comment les cuisiner ?

Un bonheur olfactif et gustatif, et de nouvelles idées.

Et puis le CHEF....il ne va pas nous parler d'ingrédients introuvables ou de tournemains professionnels réservés aux grandes cuisines où il faut être 3 pour préparer un repas!
Non, ce chef là (je veux parler de Benoît Flahaut) est tout à fait abordable, et il a bien compris la demande d'Annabelle :
rester simple et facile, rester simple et bon, rester simple et sain !

Dans ce 3eme ouvrage j'ai voulu absolument rester dans Ma cuisine, avec mes connaissances de BASE et mon timing serré pour enfin me régaler avec de bons produits, frais ou secs, des produits du terroir ou bio, mais toujours des ingrédients faciles à trouver.
J'ai réalisé, photographié et goûté toutes les recettes, sans tricherie, à vous maintenant !

Arnold Weislo

LE CHEF BENOIT FLAHAULT

*Après avoir fait ses classes à Bailleul dans le Nord de la France, et plusieurs expériences en tant que Chef de cuisine, Benoît Flahault ouvre la porte de **l'estaminet QUANTA** au bord du Lac du Héron **à Villeneuve d'Ascq** en 2000 et s'engage auprès de son personnel dans une aventure gourmande et humaine.*
Une curiosité naturelle, un penchant pour les produits de terroirs revisités d'audace, Benoît partage au quotidien son enthousiasme culinaire.
*Aujourd'hui chef de cuisine au restaurant Quanta de Villeneuve d'Ascq, il parcourt le pays avec l'association culinaire **« Les Chefs en Nord »** dont il est membre fondateur. Aussi actif en cuisine que sur le terrain, Benoît préside le concours culinaire national **« l'assiette gourm'hand »** avec beaucoup d'énergie et de passion. Finaliste du championnat national des desserts en 2009, finaliste de la TOQUE D'OR INTERNATIONALE au Havre en 2011, Benoît Flahault remet régulièrement en jeu sa créativité et son talent.*
***Apportant une « note de technique de cuisine française »** par le biais d'une dizaine de recettes proposées dans ce livre, il démontre encore son talent : accessible et gourmand !*

Vitamines, minéraux, fibres s'invitent à votre table

Après le succès des deux premiers tomes de la collection,
voici le petit dernier, tant attendu.
On le croyait oublié, d'autant qu'il ne concerne pas « les vedettes », mais les petits, les oubliés... Et pourtant le délice des lentilles du terroir, la texture onctueuse du pâtisson, le croquant des bettes, l'éclat des betteraves, le fondant de l'avocat, le piquant éclaboussant de l'oignon, la tendre amertume des fèves, le côté sauvage du quinoa et l'humour de l'artichaut... méritent qu'on s'y intéresse !

Ce qui peut nous séduire dans ce florilège de nouveautés c'est en effet d'abord le plaisir que l'on trouve à les déguster. Mais pour ne pas tomber en panne... d'idées rien de tel que des recettes qui nous portent discrètement secours.
Voilà pourquoi ce livre de recettes dépasse son but culinaire et gastronomique puisqu'il nous permettra d'atteindre un but nutritionnel. Mieux que tous les discours théoriques, **ce passage par la case cuisine est le meilleur allié du nutritionniste.** Point besoin de leçon de séduction, le plaisir vient au rendez-vous.
La partie est alors gagnée car de ce plaisir on ne peut plus se débarrasser.
Vitamines, minéraux, fibres et autres phytomicronutriments s'invitent tout seul à votre table pour votre plus grand bien.
Bonnes et mauvaises raisons de laisser tomber ces végétaux oubliés ne peuvent plus tenir.

La bonne santé devient alors une promesse à notre porte, il ne reste plus qu'à faire rentrer les invités, le plaisir de recevoir couronnera le tout : **épatez, c'est épatant !**

Docteur Jean-Michel LECERF
Service de Nutrition
Institut Pasteur de Lille

INDEX

Les recettes sont prévues pour 4 personnes
(sauf autre précision)

Recette chef Recette végétarienne Recette vegan Recette sucrée

L'Artichaut

et l'artichaut poivrade

Préparation

Couper la tige

Citronner la base

Cuire à l'eau bouillante

Dégager les fonds d'artichauts (pour les canapés) :
Couper le haut de l'artichaut, ôter les feuilles jusqu'au centre, ôter le foin, puis citronner.

CE QU'IL FAUT SAVOIR SUR

L'ARTICHAUT

Energie	Eau	Glucides	Fibres
18 kcal	84.6 ml	1 g	5.4 g

Magnésium	Phosphore	potassium	Vitamine B9
30.8 mg	78.1 mg	342 mg	50,5 mg

Composition nutritionnelle moyenne de l'artichaut (pour 100 g) source CIQUAL 2008

ORIGINE ET PRODUCTION

L'artichaut est un cousin éloigné du chardon.
Il a été introduit en France par Catherine de Médicis.

Nous consommons principalement deux espèces :
le « camus » de Bretagne, gros et vert, et le « violet de Provence » qui comme son nom ne l'indique pas est produit dans les Pyrénées orientales !

QUALITÉS NUTRITIONNELLES ET BÉNÉFICES POUR LA SANTÉ

L'artichaut est le légume qui a le plus d'humour, il faut le déshabiller pour en découvrir le cœur : c'est pourquoi il devrait être féminin !!
Plus sérieusement, dans la mesure où il ne peut que se manger lentement il permet d'arriver gentiment au rassasiement avant d'avoir trop mangé !
C'est donc un aliment idéal pour une personne qui veut perdre un peu de poids.

On veillera à l'accompagner d'une sauce vinaigrette légère. Avec un œuf coque un laitage et un fruit le repas (du soir) est complet.
Et puis sa richesse en inuline est exceptionnelle car ce glucide particulier favorise le développement d'une bonne flore intestinale pour la santé... au risque d'entraîner parfois un peu de ballonnement quand on en abuse.
Décidément l'artichaut a de l'humour car il prévient les excès aussi.

Rédigé avec le concours scientifique du Service de Nutrition de l'Institut Pasteur de Lille.

CHOISIR ET CONSERVER L'ARTICHAUT

avril à septembre

La fraîcheur d'un artichaut se mesure à ses feuilles en forme d'écailles :
plus elles sont serrées, plus sa cueillette a été récente.
Avant de le cuire, stockez le au réfrigérateur avec sa queue.
Après cuisson, mangez le rapidement car il s'oxyde vite.

flan aux Artichauts

Préparation : 20 mn
Cuisson : 40 mm

Servez les flans bien chauds, démoulés ou non, décorés avec le persil et la ciboulette hachés ou un peu de jus de citron.

ingrédients

1 Coupez la tige. **Faites cuire les artichauts** dans l'eau bouillante salée pendant 20 mn puis rafraichissez-les et **laissez-les s'égoutter en les retournant.**
Quand ils sont un peu refroidis, **ôtez les feuilles extérieures jusqu'au centre.** (attention le centre sera plus chaud!)

2 **Otez le « foin »** pour dégager le fond de l'artichaut (voir page précédente).
Supprimez éventuellement
les derniers «poils» en raclant avec une petite cuillère.

3 **Coupez les fonds en morceaux** et écrasez-les grossièrement à la fourchette.

4 Dans un grand bol, **battez les œufs en omelette.**
Salez, poivrez, ajoutez la muscade, 20 cl de lait et 20 cl
de crème allégée, mélangez.

Ajoutez les fonds d'artichauts écrasés, mélangez bien
et **répartissez dans 6 petits ramequins** préalablement graissés.

5 Mettez de l'eau à mi-hauteur dans un grand plat allant au four, placez les ramequins dans le plat, et faites **cuire au bain marie.**
Enfournez à 180° et laissez cuire **20mn.**

Cœur d'Artichaut en canapé

Préparation : 15 mn
Cuisson : 30+15 mm pour les canapés

Servez les canapés d'artichauts accompagnés de salade et d'un petit ramequin de tapenade.

ingrédients

1

Coupez la tige des artichauts, rincez-les, citronnez la base et **faites-les cuire 20mn** dans de l'eau bouillante salée.
Égouttez-les en les retournant, laissez-les refroidir.

2

3

Coupez le sommet des feuilles avec un couteau bien aiguisé. Effeuillez l'artichaut jusqu'au centre et **enlevez le « foin ».**

Coupez nettement le bord des cœurs d'artichauts, et le fond pour les poser bien à plat.

4

Tapissez l'intérieur de chaque fond d'artichaut avec la tapenade.

5

Nettoyez les champignons, coupez le pied et posez **la tête d'un champignon** sur chaque cœur d'artichaut. Poivrez légèrement, parsemez de **parmesan râpé** et enfournez 15 mn, à 180° (th.6).
Préparez l'assaisonnement de la salade avec l'huile d'olive et le vinaigre balsamique.

Artichauts poivrades en salade

Préparation : 10 mn
Cuisson : 10 mm

Le petit + d'Annabelle : vous pouvez griller rapidement à la poêle le jambon sec (2mn, sans matière grasse), et l'emietter sur la salade.

ingrédients

1 petite salade
4 petits artichauts poivrade
150 g de roquette
1 boule de mozarella
quelques copeaux de parmesan
2 tranches de jambon sec (facultatif)
1 tomate

+ Quelques pignons de pin, Huile d'olive,Vinaigre balsamique, Poivre

1 **Faites cuire les artichauts poivrades** dans une casserole d'eau bouillante salée, pendant **10 mn,** et rafraîchissez les sous le jet du robinet. Puis laissez-les égoutter.

Les poivrades cuits peuvent se conserver 2 ou 3 jours au réfrigérateur. C'est l'idéal pour réaliser une salade gourmande en un clin d'œil

2 Coupez le haut des feuilles, Supprimez quelques feuilles extérieures et **coupez les poivrades en 2.**

Lavez la salade à l'eau fraîche, et égouttez-la.

3 Disposez dans un saladier : la roquette et la salade, **la mozarella découpée en petits morceaux** ainsi que la tomate. Placez les 1/2 poivrades autour ainsi que le jambon coupé en lannières.

4 Assaisonnez **d'huile d'olive et de vinaigre balsamique,** et décorez de quelques pignons de pin. Ajoutez les copeaux de parmesan, et quelques feuilles de basilic.

Assaisonnez de pesto (voir page 76)

Artichauts poivrades sautés

Préparation : 10 mn
Cuisson : 10 mn

ingrédients

Quelques feuilles de basilic

1c. à soupe d'huile d'olive
1 c. à soupe de vinaigre balsamique

2 échalotes

4 petits artichauts poivrades (choisissez-les très petits)

Servez bien chaud en parsemant généreusement de basilic ciselé, en accompagnement d'une grillade.

+ 1 jus de citron, Poivre noir moulu

1

Lavez les artichauts Poivrade. Coupez la tige des artichauts, et **supprimez les feuilles extérieures.**

2

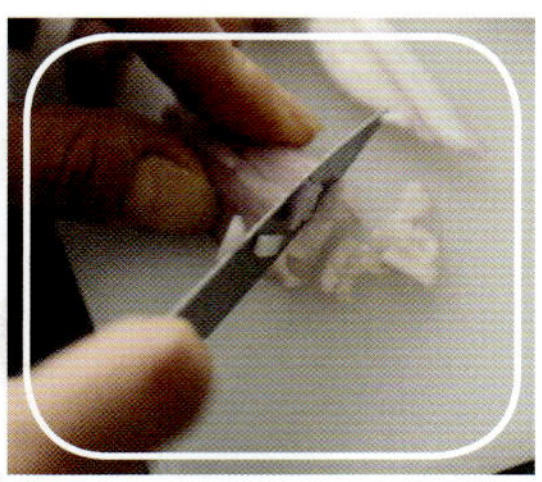

3

Coupez le haut des feuilles et **coupez les poivrades en 4.** Arrosez de jus de citron.

Épluchez et **émincez les échalotes.** Faites fondre l'huile dans une poêle et **faites revenir doucement les poivrades** en remuant bien.

4

Assaisonnez de poivre noir, ajoutez les échalotes, remuez et **laissez cuire à feu doux** en couvrant la poêle, 10 mn.

5

Quelques minutes avant la fin de la cuisson, découvrez la poêle et **déglacez avec le vinaigre balsamique.**

La Betterave

Préparation

1 Laver
2 Cuire
3 Éplucher
4 Découper

Pour consommer les betteraves crues, lavez-les soigneusement et épluchez-les.

Pour consommer les betteraves cuites, faites-les cuire 1H15 dans une casserole d'eau salée, ou 20mn en autocuiseur

Conseil : manipulez les betteraves avec des gants, vos mains ne seront pas tâchées !

CE QU'IL FAUT SAVOIR SUR

LA BETTERAVE

ORIGINE ET PRODUCTION

La betterave potagère que nous consommons est un légume-racine rouge et charnu.

La betterave sucrière, blanche, est uniquement utilisée pour la fabrication du sucre.

Les principales zones de production sont les régions Nord Pas de Calais et Centre.

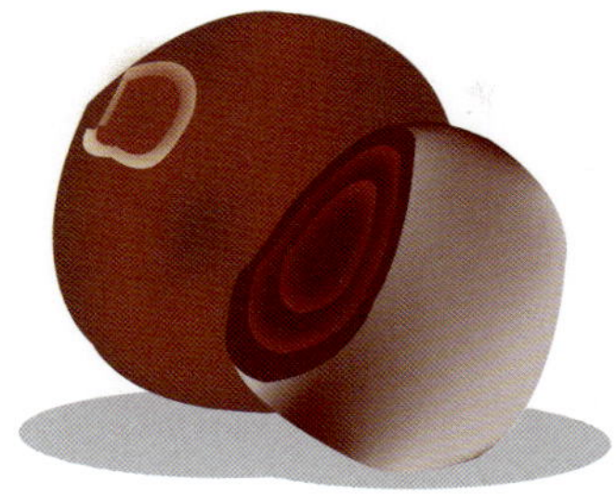

Energie 41.7 kcal
Eau 88 g ou wml
Glucides 8,1 g
Maganèse 0,41 mg
Vitamine B9 38 µg

Composition nutritionnelle moyenne de la betterave rouge cuite (pour 100 g) source CIQUAL 2008

QUALITÉS NUTRITIONNELLES ET BÉNÉFICES POUR LA SANTÉ

Rouge comme elle est on imagine qu'elle apporte force, vitalité, fer... un peu comme la viande. Vrai et faux à la fois.

Elle n'a rien à voir avec la viande car elle ne contient pas de protéines et très peu de fer, mais par contre sa richesse en acide folique (vitamine B9) en fait un aliment excellent pour les globules rouges dont la fabrication dépend de cette vitamine.

Certains esprits chagrins l'accusent, en tant que racine (comme la carotte et le navet) d'être plus riches en glucides que les légumes feuilles. Ne faisons pas tout un plat de cette différence modeste qui n'a guère d'importance. Au contraire faisons un plat de betteraves cuites (on peut aussi les manger crues râpées) assaisonnées au vinaigre, car celui-ci ralentit la vidange gastrique et donc l'index glycémique : Et bon au palais avec des oignons cuits revenus dans l'huile d'olive.

Rédigé avec le concours scientifique du Service de Nutrition de l'Institut Pasteur de Lille.

Octobre à mars

CHOISIR ET CONSERVER LA BETTERAVE

Le plus souvent la betterave est proposée cuite, souvent emballée sous vide avec une date limite de consommation de plusieurs semaines. Vous pouvez toutefois l'acheter crue, fraîche, de mai à octobre et la consommer ainsi, râpée, comme les carottes.
Après cuisson à l'eau, vous pouvez la couper en rondelles et la congeler. On peut trouver des betteraves toute l'année mais la pleine saison s'étend d'octobre à mars.

Crème de Betterave au chèvre et duo de poivrons

ingrédients

- sel et poivre
- 100 g de lardons
- 250 g de betteraves cuites
- 150 g chèvre frais
- 1/2 poivron rouge et 1/2 poivron jaune

Préparation : 5 mn
Cuisson : 10 mm

Vous pouvez préparer la crème un peu à l'avance et la réserver au frais.
Vous cuirez les lardons et les poivrons juste avant de servir :
Un délicieux «chaud-froid»

1 Épluchez les betteraves **cuites** et coupez-les en dés.

Mixez finement les betteraves et le fromage de chèvre (utilisez un blender de préférence), salez et poivrez.

2 **Répartissez la crème dans des verres transparents** pour profiter de cette superbe couleur.

3 **Faites revenir les lardons** dans une poêle sans matière grasse, jusqu'à ce qu'ils soient bien dorés et posez-les un moment sur un papier absorbant.

4 **Coupez les poivrons** en très fines lanières et faites-les **revenir dans de l'huile d'olive** pendant 5 minutes en remuant sans cesse pour qu'ils ne brûlent pas.

5 Enfin, juste au moment de servir: ajoutez les lanières de poivron et les **lardons bien chauds** et décorez de persil plat ou d'une branche de céleri.

Pour un buffet coloré, présentez la crème de betteraves avec des céleris branche crus. voir pages 58

Salade de Betterave Cuite

ingrédients

⊕ 1 c à café de moutarde

Préparation : 10 mn
Pas de cuisson

La betterave étant très colorante, elle ne se mélange pas facilement à un autre légume, alors pourquoi ne pas mêler quelques brins de betterave crue râpée à la salade de betterave cuite ?

1. **Épluchez les betteraves cuites** avec un petit couteau pointu.

Conseil : manipulez les betteraves avec des gants, ainsi vos mains ne seront pas tâchées !

2. Découpez d'abord la betterave en grosses rondelles, puis **découpez les rondelles en dés.**

3. **Préparez la vinaigrette**, en mélangeant la moutarde, 3 c à soupe d'huile, 2 c à soupe de vinaigre, mélangez énergiquement. Salez et poivrez.

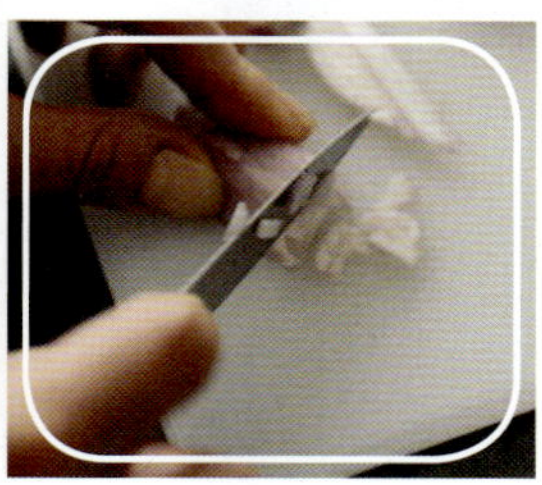

4. **Épluchez l'échalote.** Coupez-la en très petits morceaux. Ajoutez l'échalote à la vinaigrette, et mélangez bien.

5. Lavez et **coupez finement le persil,** et parsemez-en la salade de betteraves au moment de servir.

Betterave en cocotte

Préparation : 10 mn
Cuisson : 30 mm

ingrédients

500 g de betteraves crues

2 c à soupe de crème fraîche allégée (facultatif)

Sel, Poivre

2 gousses d'ail

1 c à soupe de sucre

15 g de beurre (ou 1c. à soupe d'huile)

Quelques branches de persil plat pour la déco

1 Lavez soigneusement les betteraves.
Épluchez et **découpez les betteraves crues** en fines rondelles.

2 Faites fondre le beurre (ou 1 c. à soupe d'huile) dans un faitout et ajoutez les rondelles de betterave,
saupoudrez de sucre.
Épluchez l'ail et réduisez-le en très petits morceaux.

3 Remuez pour que **les rondelles caramélisent** un peu (pendant 5 mn),
ajoutez l'ail écrasé et couvrez.
Laissez cuire 15 mn.

4 10 mn avant la fin de la cuisson, **vérifiez avec la pointe d'un couteau** que les rondelles de betteraves sont bien tendres, et prolongez éventuellement la cuisson de 10 mn sans couvrir.

5 En fin de cuisson, vous pouvez ajouter **la crème fraîche** et remuer pour récupérer et mélanger les sucs de cuisson.
Servez bien chaud en décorant de persil.

Un accompagnement original et très gustatif !

chips de Betterave

Préparation : 10 mn
Cuisson : 30 mn

Vous pouvez également cuire les chips de betterave dans l'huile de la friteuse, c'est plus rapide, mais moins léger !

ingrédients

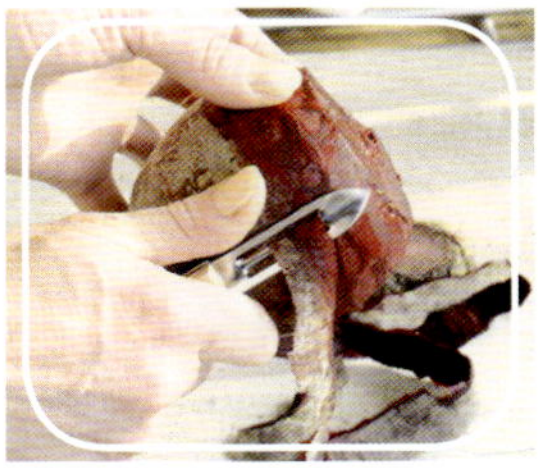

1

Lavez très soigneusement les betteraves crues
et épluchez-les avec un économe.

2

Découpez des rondelles très fines au couteau (ou avec un robot si vous disposez du couteau nécessaire pour les rondelles).

3

Graissez une plaque allant au four et disposez les rondelles de betterave. **Enfournez la plaque.**

4

Laissez cuire **15mn à 180° sur chaque face** en surveillant bien la cuisson, et sans oublier de les retourner après 15 mn. Si vous avez découpé les rondelles au robot, ou si elles sont trop épaisses (+ que 3 mm), prolongez un peu la cuisson.

5

A la sortie du four, disposez les chips de betterave dans un saladier et **parsemez de sel aux herbes**.

Attention : Si votre four est trop chaud, les betteraves vont noircir rapidement, il est préférable de cuire plus longtemps à une température moins élevée.

L'Avocat

Préparation

1 Peler
2 Dénoyauter
3 Découper
4 Citronner

Couper en deux

Dénoyauter

Peler

Découper

Citronner

L'avocat se distingue par sa richesse en lipides ...

CE QU'IL FAUT SAVOIR SUR

L'AVOCAT

ORIGINE ET PRODUCTION

D'un point de vue botanique, l'avocat n'est pas un légume mais un fruit originaire du Mexique, consommé depuis plus de 8000 ans par les Mayas et les Aztèques.
Les conquistadors espagnols l'ont ensuite ramené en Europe.
Le Mexique reste aujourd'hui le premier producteur mondial.
En France, les variétés les plus consommées sont le « fuerte » à la peau verte et lisse et le « Hass » à la peau noire et irrégulière à maturité.
L'avocat provient essentiellement d'Espagne ou d'Israël, la production française, assez réduite, est localisée en Corse, et s'étend de mars à juillet.
En dehors de ces périodes, l'avocat provient du Kenya et de la République Sud-Africaine.

Energie	Eau	Fibres	Lipides	Magnésium
137 kcal	76,1 g/ml	5,6 g	13,9 g	27,1 mg

Potassium	Vitamine E	Vitamine C	Vitamine B9
420 mg	1.34 mg	11.3 mg	79.3 µg

Composition nutritionnelle moyenne de l'avocat (pour 100 g) source CIQUAL 2008

QUALITÉS NUTRITIONNELLES ET BÉNÉFICES POUR LA SANTÉ

L'avocat fait partie des fruits oléagineux, à ce titre il apporte des acides gras variés, mais majoritairement des acides gras monoinsaturés, comme l'huile d'olive, parfois appelés oméga 9.
Il contient aussi comme l'huile d'olive une quantité non négligeable de petites molécules, des polyphénols notamment, dont on sait qu'elles ont des propriétés très intéressantes pour la santé.
Raison de plus pour en consommer nature, avec du citron par exemple pour éviter qu'il ne s'oxyde, d'autant qu'il est en réalité peu gras (14% - huile d'olive 100%).
Pour protéger ses acides gras insaturés (comme dans les huiles) il contient de la vitamine E : le tandem idéal pour en préserver toutes les qualités.
La nature est bien faite.

Rédigé avec le concours scientifique du Service de Nutrition de l'Institut Pasteur de Lille.

CHOISIR ET CONSERVER L'AVOCAT

Octobre à avril

L'avocat commence à mûrir après la cueillette.
A point, vous pouvez le conserver jusqu'à 3 jours au réfrigérateur.
Au delà, mieux vaut le choisir bien ferme et le laisser murir enveloppé dans du papier journal.
Pour faire mûrir plus vite votre avocat, placez-le près des agrumes ou des pommes.

Verrines d'Avocat au Saumon

Préparation : 10 mn
Réfrigération : 1 h

Si vous avez coupé les avocats en 2 et prélevé la chair avec une cuillère sans abîmer l'écorce, vous pourrez présentez votre préparation dans les 1/2 avocats

1 **Pelez les avocats** et ôtez les noyaux. **Coupez la chair** en gros dés. Pressez le jus du citron.

N'hésitez pas à augmenter la quantité de jus de citron s'il n'est pas trop acide.

2 **Mixez la chair d'avocat avec le jus du citron.** Tout en mixant ajoutez l'eau en plusieurs fois, jusqu'à obtenir la consistance d'un velouté.

3 Lavez et ciselez finement la menthe fraîche. **Ajoutez la menthe, le sel, le poivre et la crème fraîche,** à la purée d'avocat, mélangez bien.

4 **Découpez le saumon en fines lanières.** Mélangez-les à la purée d'avocat
(réservez quelques lanières pour la déco).

5 Versez dans les verrines et parsemez de laniè-es de saumon fumé.
Réservez au frais au moins 1 heure avant de servir.

salade d'Avocat et épinards

Préparation : 10mn
Cuisson : 2mn

ingrédients

- 1 petite salade frisée
- 100 g de jeunes pousses d'épinards
- 1 c à soupe de jus de citron
- 2 avocats
- 3 c à soupe d'huile d'olive
- 2 c à café de graines de sésame
- 2 c à café de moutarde à l'ancienne

Le petit + d'Annabelle :
Une salade à transformer en plat principal en ajoutant des dés de haddock fumé généreusement citronnés

1 **Lavez et égouttez** les pousses d'épinards et la salade. Disposez-les dans un saladier.

2 Pelez les avocats, ôtez les noyaux et **coupez la chair en fines tranches.**

3 Assemblez **les tranches d'avocat et la salade** sur le plat de service.

4 Faites chauffer 1 c à soupe d'huile dans une poêle pour **faire dorer légèrement les graines de sésame**. **Hors du feu (attention aux projections) arrosez de jus de citron,** ajoutez la moutarde, le reste d'huile et remuez.

5 Arrosez la salade de cette **vinaigrette tiède** et servez rapidement.

Dessert **Avocats** banane

Préparation : 5 mn
Réfrigération : 1 h

Le petit + d'Annabelle :
Dessert très original mais assez riche, à servir en petites quantités avec un quartier de citron vert

1. **Pelez l'avocat,** ôtez le noyau et découpez la chair en gros dés. Mettez-les dans un grand bol.

2. **Pelez les bananes** et coupez les en rondelles, **arrosez-les de jus de citron.**

3. Passez l'ensemble au mixer avec le rhum et le sucre roux. **Vérifiez l'acidité,** et ajoutez éventuellement un peu de sucre.

4. Disposez dans les coupes et **mettez au frais** au moins 1 heure avant de servir. Décorez de menthe fraîchement ciselée.

Ce dessert est alcoolisé mais il peut être réalisé sans rhum, en ajoutant un peu plus de jus de citron et de sucre.

Guacamole d'Avocats

Préparation : 5 mn
Réfrigération : 1 h

1. Pelez l'avocat et ôtez le noyau. **Écrasez la chair à la fourchette** en arrosant **de jus de citron.** Salez et remuez.

2. Pelez et **hachez finement l'oignon.** Ajoutez l'oignon et la crème fraîche à la purée d'avocat.

3. **Ajoutez le piment de Cayenne,** mêlangez bien. Réservez au frais au moins 1 heure avant de servir. Accompagnez de tacos ou gressins.

Sauce surprise Avocats

Préparation : 10 mn
Pas de cuisson

Le petit + d'Annabelle : Cette sauce peut être servie avec des asperges, ou une simple laitue garnie de petits morceaux de saumon fumé.

1. Mettez un bol en verre à rafraichir au réfrigérateur. Pelez l'avocat, coupez la chair en gros dés et **mixez la chair** avec le poivre et le jus de citron.

2. **Incorporez le jaune d'oeuf,** le cognac et une pincée de sel.

3. Dans le bol en verre, **fouettez légèrement la crème fraîche** et ajoutez-y la crème d'avocat. Servez la sauce bien froide.

Les Bettes

Préparation

1 Effeuiller
2 Nettoyer
3 Couper
4 Ôter les fils

**Séparer les côtes et les feuilles.
Laver les bettes dans plusieurs eaux, avec une cuillère à café de vinaigre.
Égoutter et sécher les feuilles .**

Ciselez les feuilles de bettes.

Couper les côtes de bettes

Retirer les fils, en tirant du bas vers le haut.

CE QU'IL FAUT SAVOIR SUR

LA BETTE

Energie	Eau	Fibres	Potassium
16,4 kcal	92,6 g	2,1 g	549 mg
Bêta-carotène	**Fer**	**Vitamine c**	**Vitamine E**
3652 µg	2,26 mg	18 mg	1,89 mg

Composition nutritionnelle moyenne de la bette cuite (pour 100 g) source CIQUAL 2008

ORIGINE ET PRODUCTION

La bette ou blette appartient à la même famille que l'épinard.
C'est une plante dont on peut consommer toute la feuille :

- La côte, de couleur blanche (ou carde), est la partie dure.
- La partie supérieure est verte et ressemble à l'épinard.

La côte de bette se consomme en gratin, alors que la feuille se consomme cuite à la vapeur ou s'utilise pour agrémenter des gnocchis par exemple.
Après l'Italie, la France est l'un des principaux producteurs de bettes au sein de l'Union Européenne.

QUALITÉS NUTRITIONNELLES ET BÉNÉFICES POUR LA SANTÉ

Les bettes sont souvent consommées sous forme de côtes, c'est à dire qu'on n'en consomme que le centre, mais le vert peut aussi être cuisiné : il ressemble à la salade ou aux épinards dans ce cas on peut l'utiliser également dans une soupe.

C'est le prototype des aliments vertueux car très peu énergétiques, tellement est grande sa teneur en eau.

On pourrait dire que manger des (côtes) de bettes c'est boire de l'eau.

Mais il n'y a pas que de l'eau, également des minéraux, du magnésium, à condition de ne pas jeter l'eau de cuisson, des vitamines et notamment de la vitamine B9 et de la vitamine C, toutes deux sensibles au chauffage excessif, d'où l'intérêt d'une cuisson al dente.

Rédigé avec le concours scientifique du Service de Nutrition de l'Institut Pasteur de Lille.

CHOISIR ET CONSERVER LES BETTES

Octobre à mai

La saison des bettes débute en octobre et se prolonge jusqu'en mai. Elles sont vendues en bottes. Il faut choisir des bettes aux feuilles intactes, bien vertes avec des cardes bien dures.
La bette se conserve bien au réfrigérateur après avoir été arrosée de jus de citron pour éviter qu'elle noircisse par oxydation.

La « tourte de Blettes » Niçoise

Pour 6 à 8 personnes
Entrée ou dessert.

Préparation : 25 mn
Cuisson : 40 mm

Très fraîche, servie en entrée avec une salade de tomates. Ou saupoudrée de sucre glace pour un dessert original.

ingrédients

1 **Lavez soigneusement les feuilles de bettes et hachez-les finement.** Faites-les cuire 5 mn dans une casserole d'eau salée. Égouttez-les soigneusement, puis laissez-les refroidir.
Beurrez légèrement le fond de votre plat à tarte.

2 **Préparez la pâte:** malaxez la farine, le beurre et 1 pincée de sel, du bout des doigts. Ajoutez un peu d'eau fraîche pour que la pâte se raffermisse.
Séparez la pâte en 2 boules et mettez-les au frais pendant la préparation de la garniture.

3 Dans un grand bol, **battez les œufs en omelette,** ajoutez la crème fraîche liquide, le sel et la muscade et **mélangez avec les feuilles de bettes.** Ajoutez le parmesan, **les pignons de pin et les raisins,** mélangez bien.

4 **Étalez 1 boule de pâte** et garnissez le fond du plat à tarte.
Écrasez les pistaches grossièrement et répartissez-les sur le fond de tarte. **Versez** ensuite **la préparation** sur les pistaches.

5 Étalez la seconde boule de pâte et placez ce « couvercle » sur la tarte.
Enfournez la tourte 40 mn à 180°. 10 mn avant la fin de la cuisson, étalez un peu de jaune d'œuf pour dorer le dessus. Après cuisson et refroidissement, **placez la tourte au réfrigérateur jusqu'au moment de servir.**

Si vous servez la tourte aux bettes en dessert, parsemez de sucre glace sur le dessus.

Sauce aux Feuilles de Bettes pour les pâtes

V

Préparation : 10 mn
Cuisson : 10 mn

Un gout surprenant et très raffiné, qui transforme un plat de pâtes en festin !

ingrédients

- 1 c à soupe d'huile d'olive
- 50 g de beurre
- 50 g de fromage « bleu »
- 1 oignon ou 2 petits oignons frais
- sel, poivre
- 10 belles feuilles de bettes

+ 2 c. à soupe de pignons de pin
5 brins de ciboulette
2 gousses d'ail

1 **Séparez les feuilles et les côtes de bettes.** Réservez les côtes pour une autre recette.

2 Rincez les feuilles et égouttez-les soigneusement. **Mettez l'huile dans une sauteuse faites fondre les feuilles,** laissez cuire 5 minutes.

3 Coupez l'oignon en lamelles. **Coupez l'ail et le fromage** en très petits morceaux.

4 **Ajoutez l'oignon, l'ail et le fromage** sur les bettes. Salez et poivrez. Laissez cuire 5 mn.

5 **Faites cuire les pâtes,** égouttez-les puis ajoutez une noisette de beurre et **répartissez la sauce aux bettes.**

Saupoudrez d'un peu de parmesan, et de pignons de pins.

Gratin de côtes de Bettes

Préparation : 20 mn
Cuisson : 30 mm

Vous pouvez réaliser le gratin avec les côtes uniquement, et ajouter des lanières de jambon pour un plat unique

ingrédients

sel et poivre
1 kg de bettes
1 c à soupe d'huile d'olive
25 g de beurre
60 g de parmesan râpé
1 gousse d'ail hachée

Pour la béchamel :
40 g de beurre
40 g de farine
1 pincée de noix de muscade râpée
30 cl de lait

1 Lavez les côtes de bettes.
Séparez les côtes et les feuilles des bettes.
Supprimez les fils des côtes et coupez-les en tronçons.
Faites-les cuire à l'eau bouillante salée pendant 10 mn.
Puis égouttez-les.

2 **Lavez les feuilles** vertes, égouttez-les soigneusement et ciselez-les.
Faites cuire les feuilles 5 mn dans l'eau salée, puis égouttez-les.

3 **Pour la béchamel,** faites fondre le beurre dans une casserole à feu doux.
Ajoutez la farine
et remuez vivement.
Arrosez avec le lait tout en remuant pour que la sauce épaississe.
Ajoutez la muscade salez, poivrez.
En fin de cuisson : incorporez la moitié du parmesan.

4 Beurrez légèrement un plat, **repartissez les feuilles vertes, les côtes de bettes et recouvrez de béchamel,** et saupoudrez **le reste du parmesan.**
Enfournez 20 mn à 200° (th. 7).

Lasagnes de **Bettes** au saumon

ingrédients

- 1 botte de côtes de bettes avec les feuilles
- 20 cl de crème liquide allégée
- 3 filets de saumon (environ 150 g chacun)
- 1 pincée de Noix de muscade râpée
- 2 c. à soupe de moutarde à l'ancienne

Préparation : 10 mn
Cuisson : 40 mn

Une recette un peu délicate à servir (car on utilise pas de liaison à l'oeuf) mais tellement légère et savoureuse !

+ 1 bouillon cube dissout dans 1 litre d'eau tiède

1 **Séparez les feuilles vertes** des côtes de bettes, et rincez-les à l'eau fraîche.
Faites-les « blanchir » 3 mn dans une casserole d'eau bouillante salée. Pressez-les bien pour **éliminer l'eau** et passez-les au mixer.

2 **Coupez les côtes de bettes en longs morceaux** (en fonction de la longueur de votre plat de cuisson, un moule à cake par exemple).
Placez les côtes de bette dans un plat allant au four et couvrez avec le bouillon.
Enfournez 20 mn à 200° en couvrant d'une feuille d'aluminium.

3 **Faites pocher les filets de saumon** dans une casserole d'eau salée et poivrée, 5 mn, puis égouttez-les. Après cuisson, **émiettez le saumon** sur la purée de feuilles de bettes, mélangez bien et ajoutez un peu de muscade.

4 Quand la cuisson des côtes de bettes est terminée, **retirez-les avec une écumoire** et déposez-les sur du papier absorbant. Beurrez légèrement le moule à cake.

5 **Tapissez le fond avec la moutarde.** Intercalez les grandes côtes de bettes et le mélange feuilles, saumon. Terminez par une grande côte et parsemez de parmesan. **Faites cuire 20 mn au four à 200°.**

Les Alliacées

ail, oignons, échalotes

Préparation

1 Éplucher
2 Découper
3 Écraser

Rondelles d'oignon

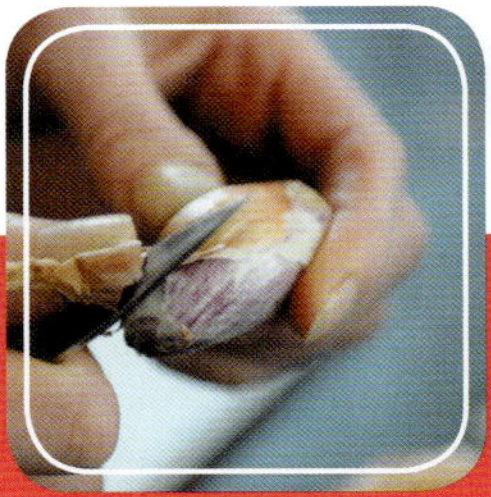

Echalote

Faire tremper les gousses d'ail pour faciliter l'épluchage

Ôter le germe des gousses d'ail pour le rendre plus digeste

Découper très finement ou écraser en purée

Petite astuce, épluchez les oignons sous l'eau pour ne pas pleurer !

CE QU'IL FAUT SAVOIR SUR

LES ALLIACÉES

ORIGINE ET PRODUCTION

Depuis le Moyen-âge, les alliacées sont la base de toutes les cuisines européennes.

Il existe de nombreuses variétés, qui se distinguent essentiellement par leur couleur (ail rose, ail blanc, oignon rouge, oignon blanc, oignon jaune)

Le Sud Ouest de la France est le principal bassin de production de l'ail.
L'échalote demi-longue, la plus courante, est cultivée dans le Val de Loire et en Bretagne et l'oignon est cultivé principalement au nord de la Loire.

QUALITÉS NUTRITIONNELLES ET BÉNÉFICES POUR LA SANTÉ

Entre les légumes et les herbes aromates et condiments les alliacés sont les partenaires idéaux du cuisinier. Ail, oignon, échalote relèvent, parfument, égayent à l'instar des épices, sans en être. Consommés habituellement en petite quantité ils apportent très peu de calories mais des nutriments originaux (des oligo éléments tels que la silice, de l'inuline une fibre prébiotique majeure excellente pour la flore intestinale, et enfin des micro constituants qui agissent sur le cholestérol et au moins in vitro sur le tissu adipeux pour le faire fondre !
De quoi rêver ! N'allons pas trop loin cependant : ce ne sont pas des aliments miracles et si l'on veut abaisser son cholestérol et son poids il faut manger mieux et bouger plus.

Rédigé avec le concours scientifique du Service de Nutrition de l'Institut Pasteur de Lille.

Toute l'année

CHOISIR ET CONSERVER LES ALLIACÉES

L'ail, l'échalote et l'oignon sont disponibles toute l'année sur les étals.
Les gousses d'ail se conservent plusieurs mois au sec et à l'abri de la lumière.
La pleine saison de l'échalote, quant à elle, s'étale de novembre à février.
Une fois épluchée, l'échalote se garde 2 – 3 jours au réfrigérateur.
La saison de l'oignon frais va de mars à septembre.
Les bottes se conservent une semaine environ, au réfrigérateur.
Les oignons secs sont disponibles toute l'année. Choisissez-les avec un bulbe ferme et sans tache.
Ils se conservent dans un endroit sec 1 à 2 mois, à l'abri de la lumière.

Poulet aux 40 Gousses d'Ail

Préparation : 10 mn
Cuisson : 50 mm

Si vous disposez d'un autocuiseur, vous gagnerez du temps et vous conserverez tout l'intérêt de cette recette.

ingrédients

+ 1 c à soupe d'huile

1 Eliminez éventuellement les dernières plumes en passant le poulet sur une flamme et **frottez-le avec du gros sel.**

2 **Séparez chaque gousse d'ail** de la tête, sans l'éplucher. Faites fondre 1 noix de beurre et l'huile dans un faitout.

3 **Faites dorer le poulet** en le retournant plusieurs fois pendant 10 mn. Poivrez.Dans le fond du faitout, disposez **les gousses d'ail autour du poulet** et laissez cuire 5mn en remuant.

4 **Arrosez d'un grand verre d'eau,** ajoutez le thym et mettez le couvercle.
Laissez cuire pendant 45 mn à feu moyen, **en vérifiant que le fond n'attache pas.** Ajoutez un peu d'eau éventuellement en cours de cuisson et remettez le couvercle.

5 Quand le poulet est cuit, **présentez-le découpé** dans le plat de service, **et présentez les gousses d'ail séparément.** Accompagnez de fines tranches de pain grillé. Vous pouvez également récupérer le jus de cuisson et le présenter dans un bol.

En pressant les gousses cuites, chaque convive pourra répartir la purée d'ail sur sa portion de poulet, ou sur le pain grillé. C'est un plat qui se mange avec les doigts, n'oubliez pas les serviettes !

Petits Oignons glacés

Préparation : 15 mn
Cuisson : 15 mn

1 **Coupez la tige des oignons** frais en laissant un peu de verdure. **Faites chauffer un peu d'eau** dans une casserole avec 2 c à soupe de sucre en poudre.

2 **Ajoutez les oignons** en les posant sur le fond de la casserole, ajoutez 30 g de beurre. **Couvrez et laissez cuire environ 15 mn,** vérifiez la cuisson avec la pointe d'un couteau.

3 Égouttez et servez en complément de mini-légumes ou d'une viande cuite à la casserole.

servez les petits oignons glacés avec la blanquette de veaux page 96

Echalotes confites

Préparation : 15 mn
Cuisson : 15 mn

Vous pouvez conserver les échalotes confites en les mettant dans des pots fermés hermétiquement (comme pour les confitures). Gardez-les au frais pour les consommer pendant 3 semaines.

1 **Épluchez les échalotes,** et plongez-les 2 mn dans une casserole d'eau bouillante. Après 2 mn égouttez-les et laissez-les refroidir dans une passoire.

2 Dans une casserole à fond épais, **faites chauffer le sucre,** le vin rouge et le vinaigre. Remuez pendant la cuisson. Vous pouvez ajouter 1c à soupe de crème de cassis.

3 **Ajoutez les échalotes entières** et laissez cuire à feu doux pendant 10 à 15 mn, pour faire réduire un peu le liquide dans la casserole.

Soupe à l'ail et Espuma de Lard

Préparation : 20 mn
Cuisson : 25 mm

Le conseil du chef :
Laissez l'espuma au frais jusqu'au moment de servir. Présentez en plus une coupelle d'espuma avec des petites tranches de pain grillé.

Pour l'espuma de lard :
1 tranche de Lard fumé (50 g environ), 25 cl crème fraîche allégée

1. **Épluchez les têtes d'ail** *(pour faciliter l'épluchage, faites-les tremper 1h),* **faites-les blanchir** dans l'eau bouillante 15 mn pour supprimer l'acidité, puis égouttez. **Faites dissoudre le cube de bouillon** dans 1 litre d'eau chaude.

2. Épluchez et **lavez la pomme de terre et coupez-la en cubes** . **Épluchez l'oignon** et coupez-le en petits morceaux.
Faites chauffer le bouillon, **ajoutez l'ail blanchi,** ajoutez la pomme de terre et l'oignon et laissez cuire pendant 10 mn.

3. Mélangez la crème fraîche et le jaune d'oeuf.
Mixez la soupe à l'ail et enfin ajoutez le jaune d'œuf et la crème. Prolongez la cuisson à feu doux quelques minutes, **la texture doit napper la cuillère.**

4. **Préparation de l'espuma de lard :**
Faites fondre et **dorer le lard** sans ajouter de matière grasse
(si vous utilisez des lardons, il sera moins facile de les retirer de la crème).

5. Quand le lard est grillé des 2 côtés, **arrêtez la cuisson, ajoutez la crème liquide** et couvrez la poêle pour laisser infuser 10 mn.
Après infusion, **retirez le lard puis passez la crème** dans un tamis, puis remplissez le syphon.
Si vous ne disposez pas de syphon, mixez simplement la crème 2 mn.

Remplissez les bols ou les verinnes de soupe chaude et répartissez l'espuma sur le dessus avec le syphon.

Beignets d'Oignons au Curcuma sauce fromage blanc

Chef

Préparation : 15 mn
Cuisson : 5 mn

Le petit + d'Annabelle:
Pour varier les goûts, proposez un bol de coulis de poivron (voir livre « que faire de simple avec les légumes frais » p.17)

Sel, poivre, **1 poêle à bords hauts**

1 **Préparez la pâte à beignets :**
Faites un puits dans la faine, ajoutez 1 pincée de sel et le curcuma, l'oeuf battu et le beurre fondu. Mélangez et ajoutez éventuellement un peu d'eau froide pour assouplir la pâte. Laissez reposer quelques minutes.

2 Préparez la sauce en mélangeant le **fromage blanc et la ciboulette ciselée** avec le jus de citron. Assaisonnez de poivre et réservez au frais.

3 **Épluchez les oignons** et coupez-les en lamelles pour obtenir des « anneaux ».
Saupoudrez les lamelles de farine.

4 Mettez l'huile dans la poêle, (en quantité suffisante pour y plonger les beignets), et faites chauffer.

Avec une fourchette, prélevez les anneaux d'oignons et **trempez-les dans la pâte.**

5 Quand l'huile est bien chaude, répartissez les **beignets dans la poêle.**
Laissez cuire quelques minutes jusqu'à ce qu'ils soient légèrement dorés.

Disposez-les sur une feuille de papier absorbant pendant que vous ferez cuire une deuxième série de beignets, **salez légèrement et servez rapidement** avec la sauce.

Le Petit pois

Préparation

1 Écosser
2 Cuire

Ecossez les petits pois juste avant de les cuisiner, sinon ils se déshydratent rapidement.

Cuire les petits pois à l'eau bouillante salée 10 mn (15 mn s'ils sont gros).Rafraîchir en les plongeant quelques mn dans l'eau froide pour stopper la cuisson.

1 kilo de petits pois entiers = 400 grammes de petits pois écossé

CE QU'IL FAUT SAVOIR SUR

Le petit pois

ORIGINE ET PRODUCTION

Le petit pois est un lointain descendant du pois chiche.

En France, Il est principalement cultivé dans le Nord, la Picardie et la Bretagne mais les plus gros producteurs sont l'Inde et la Chine.

Energie	Eau	Glucides	Fibres
70,7 kcal	77,8 g	11,8 g	5,5 g

Bêta-carotène	Vitamine C	Vitamine B9
470 µg	15,5 mg	61 µg

Composition nutritionnelle moyenne du petit pois cuit (pour 100 g) source CIQUAL 2008

QUALITÉS NUTRITIONNELLES ET BÉNÉFICES POUR LA SANTÉ

Le petit pois est « à cheval » entre les légumes et les féculents, un peu comme la pomme de terre.
On pourrait considérer que c'est un défaut d'être « batard », c'est peut-être plutôt une qualité de jouer sur les deux tableaux.
En tant que féculent c'est une source d'énergie, bien utile pour l'activité physique, en tant que légume il apporte sa contribution aux apports en vitamines comme la vitamine C, B9 et la pro vitamine A (béta carotène) : bref un peu de tout.
Autre avantage il n'est pas indispensable de l'associer à un féculent ce qui simplifie les choses.
Rappelons que l'équilibre alimentaire justifie qu'il y ait chaque fois que possible légume et féculent (pomme de terre, céréale, légume sec).
Tout en un, mais pas tous les jours car l'équilibre c'est la variété !

Rédigé avec le concours scientifique du Service de Nutrition de l'Institut Pasteur de Lille.

CHOISIR ET CONSERVER LE PETIT POIS

De mai à juin

La saison du petit pois frais est courte, elle s'étale de mai à juin.
Choisir les cosses brillantes, lisses et surtout bien vertes. Le goût du petit pois frais étant vite altéré par la réfrigération, mieux vaut les acheter juste avant de les consommer.

Petits pois à la française

Préparation : 10 mn
Cuisson : 40 mm

En purée, le petit pois perd une pertie de ses qualités fibreuses mais gagne en digestibilité.

ingrédients

Voir p.72

+ 1 noix de beurre , 1 c à soupe de farine
1 noix de beurre , 1 morceau de sucre (facultatif), sel poivre

1

Écossez les petits pois.
Retirez les racines et les parties sèches **des oignons nouveaux.**

2

Faites fondre une noix de beurre dans une grande casserole, ajoutez les **feuilles de laitue coupées en lanières.**

3

Ajoutez les petits oignons, puis **les petits pois** et le bouquet garni.
Salez, poivrez.
Ajoutez éventuellement 1 morceau de sucre.

4

Mouillez a mi-hauteur avec de l'eau tiède, mélangez, couvrez la casserole et portez a ébullition.
Réduisez ensuite le feu et **cuisez à feu doux 30 a 40 mn** à couvert.

5

Après la cuisson retirez le bouquet garni.
Préparez le beurre manié :
Mélangez **1 c à soupe de farine avec 1 c à soupe de beurre, maniez bien en pommade.**

Présentez dans le plat de service, en liant avec le beurre «manié» et servez bien chaud.

Flan de Petits pois
au saumon fumé

Préparation : 10 mn
Cuisson : 10 + 35 mn

ingrédients

Le petit + d'Annabelle : Chaud ou froid c'est un plat principal très original à servir simplement avec une salade.

1

Faites cuire les petits pois 10 mn dans de l'eau bouillante salée. Égouttez-les après la cuisson.

2

Réduisez grossièrement **les petits pois en purée** à l'aide d'une fourchette.
Battez les œufs avec la crème dans un grand bol.

3

Incorporez le gruyère et le parmesan puis la purée de petits pois. Mélangez bien.
Découpez le saumon en fines lanières et incorporez-le au mélange.

4

Versez le tout dans des moules individuels légèrement beurrés et faites cuire au bain-marie, au four à 180°C pendant 35 mn. **Vérifiez la cuisson :** la lame du couteau doit ressortir propre .

5

Servez chaud à la sortie du four.

Vous pouvez réserver les terrines au réfrigérateur, pour les servir en entrée.

Jardinière de Petits pois

Préparation : 15 mn
Cuisson : 20mm

Vous pouvez conserver la jardinière de légumes 2 jours au réfrigérateur et la réchauffer à feu doux au moment de servir.

ingrédients

- 1,5 kg de petits pois frais
- 4 carottes
- 2 oignons
- 5 ou 6 petits navets
- 3 pommes de terre
- 1 cube de bouillon
- 6 grandes feuilles de laitue (ou 1 cœur de laitue)
- 250 g de lardons
- 1 branche de thym

+ facultatif : 1 morceau de sucre, 1 noix de beurre manié (voir page 38)

1. Écossez les petits pois. Épluchez et lavez les navets, les pommes de terre et les carottes. **Coupez les légumes en gros dés** (si vous utilisez de jeunes carottes, laissez-les entières).

2. **Épluchez les oignons** et coupez-les en 4 (si vous utilisez des petits oignons frais laissez-les entiers). **Nettoyez les feuilles de laitue.** Faites dissoudre le cube de bouillon dans 1 litre d'eau chaude.

3. Faites chauffer 1 c à soupe d'huile dans un faitout, et **faites revenir les oignons** pendant 3 mn en remuant, (si vous utilisez des lardons, faites-les fondre d'abord puis ajoutez les oignons ensuite, sans ajouter de matière grasse.)

4. **Ajoutez les feuilles de laitues,** puis quand elles sont fondues, ajoutez les petits pois **et les autres légumes** ainsi que la branche de thym. Salez (légèrement si vous utilisez des lardons) et poivrez.

5. **Arrosez le tout avec le bouillon. Couvrez** et laissez cuire à feu doux 20 mn environ pour que les petits pois restent un peu fermes.

Servez chaud en accompagnement d'une viande blanche.

Terrine Petits pois carottes

Préparation : 15 mn
Cuisson : 10 + 30 mn

Cette préparation ne vas pas lever à la cuisson. Une fois la terrine refroidie, vous découperez des fines tranches pour les servir en assiette.

ingrédients

sel / poivre du moulin
3 carottes
300 g de petits pois
3 oeufs
20 cl de crème fraîche allégée
2 c à soupe de persil ciselé
1 c à café de curcuma
1 c à café de graines de cumin

1 Épluchez, lavez et **coupez les carottes en rondelles. Ecossez les petits pois.**

2 Dans un faitout, faites cuire l**es carottes et les petits pois pendant 20 min** (à feu très doux), en couvrant d'eau salée.
Dans un grand bol, **mélangez les oeufs avec la crème fraîche,** le persil , le curcuma, les graines de cumin.

3 Après la cuisson des petits pois et carottes, **éliminez le jus de cuisson** et mélangez les légumes à la préparation oeufs-crème.

4 Versez la préparation **dans un moule à cake,** déposez le moule dans un grand plat avec un peu d'eau et enfournez ce bain marie à 180°C pendant 30 mn.

5 **Laissez refroidir** avant de démouler et servez bien frais.

Variante : vous pouvez préparer des terrines individuelles en faisant cuire la préparation dans des ramequins, dans ce cas la cuisson sera un peu plus rapide (vérifiez avec la lame d'un couteau après 25 mn de cuisson).

Les Lentilles

Préparation

Trier

Cuire

Égoutter

Rincer

1 Trier et faire tremper
2 Cuire
3 Égoutter
4 Rincer

Certaines lentilles nécessitent un trempage, vérifiez bien la notice sur l'emballage

CE QU'IL FAUT SAVOIR SUR

LES LENTILLES

ORIGINE ET PRODUCTION

L'homme consommait déja des lentilles environ 7000 ans avant JC. Il en existe une grande variété.
En France, **la lentille verte** est une spécialité, c'est la plus consommée.
Produite en partie en France ou importée du Canada, il existe 2 labels de qualité :

- **La lentille verte du Puy** (AOC) : cultivée dans la région du Puy-en-Velay, sa peau fine permet une cuisson deux fois plus rapide.
- **La lentille verte du Berry** (Label Rouge) : cultivée dans la région de Châteauroux dont le sol et le climat lui conférent ces caractéristiques gustatives.
- **Les autres lentilles :**
  La lentille brune : de saveur fruitée, produite en Chine, utilisée principalement pour les conserves.
  la lentille corail importée d'Afrique,
  le lentillon rosé de Champagne (au goût légèrement sucré): produit dans la région de Reims, et **la lentille blonde** : produite sur le continent américain et en Turquie

Energie	Eau	Protéines	Glucides	Fibres
107 kcal	69 g	8,2 g	17,5 g	5,6 g

Cuivre	Manganese	Phosphore	Magnésium	Potassium	Fer	Vitamine B9
0,2 mg	0,42 mg	164 mg	24,5 mg	309 mg	3,07 mg	56,8 µg

Composition nutritionnelle moyenne de lentilles cuites (pour 100g) source CIQUAL 2008

QUALITÉS NUTRITIONNELLES ET BÉNÉFICES POUR LA SANTÉ

Les lentilles sont les vedettes des protéines végétales, d'abord parce qu'elles sont bonnes ensuite parce qu'elles sont familières, mais souvent mal aimées ou mal cuisinées.
Elles complètent merveilleusement les autres aliments sources de protéines végétales que sont les céréales, telles que le riz. On peut les associer également à des noix et des raisins secs.
Elles ont un index glycémique particulièrement bas, comme toutes les légumineuses, ce qui leur confère un intérêt tout à fait particulier chez les diabétiques car elles sont susceptibles d'abaisser la glycémie post-prandiale.
Elles doivent cependant être consommées avec modération.

Elles peuvent aussi compléter des aliments sources de protéines animales (jambon, lard, charcuterie) qui peuvent alors être consommées en petite quantité. C'est aussi bien sûr une source de fibres bénéfiques pour le transit intestinal et une source de fer dont l'absorption est accrue en présence de vitamine C : raison de plus pour les associer à des légumes ou à des fruits.

Rédigé avec le concours scientifique du Service de Nutrition de l'Institut Pasteur de Lille.

CHOISIR ET CONSERVER LES LENTILLES

Toute l'année

Les lentilles se conservent très longtemps sans perdre leurs qualités nutritionnelles.
Après réhydratation, les graines peuvent germer , même plusieurs années après.

Salade de Lentilles à la féta

V

Préparation : 15 mn
Cuisson : 25 mm

Vous pouvez servir cette salade tiède, ou très fraîche avec une grillade.

ingrédients

- 1 c à soupe de vinaigre balsamique
- 3 c à soupe d'huile d'olive
- 150 g de féta
- 1 oignon rouge
- 200 g de lentilles
- 1/2 poivron rouge

⊕ 1 c à café de moutarde à l'ancienne

1 **Faites cuire les lentilles** dans 3 fois leur volume d'eau salée, pendant 25 mn.

2 Pendant ce temps, **faites griller le 1/2 poivron** rapidement au four, puis enfermez-le dans un sachet plastique 5 mn pour le laisser « suer ». Ainsi vous ôterez facilement la peau.

3 **Épluchez l'oignon** et coupez-le en très fines rondelles. **Préparez la vinaigrette** en mélangeant l'huile, le vinaigre et la moutarde dans le plat de service de la salade.

4 Après cuisson, **égouttez les lentilles** et rafraîchissez-les sous le robinet, égouttez-les soigneusement. **Découpez les poivrons en très petits dés.**

5 Disposez les lentilles dans le plat de service avec la vinaigrette, **ajoutez les cubes de féta** et les rondelles d'oignon, puis les dés de poivrons.

Une salade pleine de protéines sur vos buffets d'été.

Galettes de Lentilles et pois chiches

Préparation : 30 mn
Cuisson : 30 mn

ingrédients

- 2 oignons
- 250 g de lentilles brunes
- 3 c à soupe de farine
- 150 g de chapelure
- 1 c à soupe de gingembre frais râpé
- 1 œuf
- 1 c à soupe d'épices (mélange tandoori)
- 400 g de pois chiches cuits
- 15 branches de coriandre fraîche
- 10 branches de persil plat

+ 1 c à soupe d'huile d'olive

On peut préparer les galettes la veille et les faire réchauffer au four. Servez avec la crème à la coriandre page 77.

1 **Faites cuire les lentilles 10 mn** dans une casserole d'eau salée, à découvert.
Pendant ce temps, **faites revenir les oignons émincés** dans une poêle avec un peu d'huile d'olive, quand ils deviennent transparents, **saupoudrez les épices,** mélangez, puis retirez du feu.

2 Après cuisson, **égouttez bien les lentilles. Rassemblez les pois chiches, la moitié des lentilles,** le gingembre râpé et les oignons, mélangez bien. Passez l'ensemble au mixer, puis **ajoutez l'œuf battu**, et mélangez.
Ciselez la coriandre et le persil.

3 Rassemblez la purée de lentilles et pois chiches, le reste des lentilles entières, le persil, la coriandre et la chapelure.
Mélangez.**Laissez reposer** au réfrigérateur 10 mn pour que le mélange soit plus ferme et plus facile à travailler.

4 **Façonnez à la main** 10 à 12 petites boules. Mettez la farine sur un plan de travail et aplatissez les boules **pour former des galettes.**

5 Farinez ces galettes de chaque côté puis **faites-les dorer 3 à 4 mn de chaque côté,** dans une poêle avec 2 c à soupe d'huile d'olive.
Retournez-les avec précaution pour faire dorer les 2 faces.
Après cuisson, déposez-les quelques minutes sur un papier absorbant.

un plat original,
ideal à préparer avec les enfants !

Potage de lentilles

Préparation : 10 mn
Cuisson : 30 mm

Si vous manquez de temps, utilisez 1 boîte de tomates pelées.

ingrédients

+ 1 c à soupe d'huile

1. Lavez et triez les lentilles.
Lavez et **pelez les tomates,** coupez les en gros dés.

Épluchez l'oignon et coupez-le en rondelles.

2. **Faites revenir l'oignon émincé** dans une sauteuse avec un peu d'huile. Quand l'oignon est blond, **ajoutez les lentilles** et remuez.

3. **Ajoutez ensuite les tomates,** mélangez,
et arrosez avec le bouillon.

4. Poivrez et **portez à ébullition** puis **laissez mijoter 15 mn.**
Après cuisson, mixez le potage selon la finesse qui vous convient.

5. Au moment de servir, **ajoutez quelques feuilles de basilic ciselé,** et éventuellement 1 c à soupe de crème fraîche dans chaque bol.

Mousse de Lentilles

Vertes du PUY

Préparation : 10 mn
Cuisson : 30 mn
Réfrigération : 1h

Cette recette peut se préprarer la veille, et décorée au moment de servir.

1 **Faites cuire les lentilles** dans 1 litre d'eau avec le cube de bouillon et le bouquet garni pendant 35 mn (en couvrant la casserole).

2 10 mn avant la fin de la cuisson, **faites tremper les feuilles de gélatine** dans une assiette creuse remplie d'eau froide.

3 Après la cuisson des lentilles **prélevez 2 c à soupe de lentilles entières pour le décor,** retirez le bouquet garni, **égouttez un peu** (l'eau doit rester au niveau des lentilles sinon la purée sera trop épaisse) et **passez au mixer.**

4 **Pressez les lentilles dans un tamis** pour enlever tous les restes de peaux. Mettez cette purée dans un plat creux et **ajoutez les feuilles de gélatine** égouttées.

5 Laissez refroidir quelques minutes. **Incorporez ensuite la crème fraîche.** Dressez dans des verrines et laissez prendre au réfrigérateur pendant 1h au moins.

Conseil du chef pour le décor :
mélangez 2 c à soupe d'huile d'olive + 1 c à soupe de vinaigre balsamique
+ 1/2 échalote finement ciselée + le basilic ciselé
+ quelques lentilles entières.

Les Légumes secs et le Quinoa

pois cassés, haricots blancs, pois chiches

Préparation

1 Tremper
2 Blanchir
3 Cuire
4 Mixer

Trier et faire tremper les légumes secs

Faire blanchir 5 mn à l'eau bouillante salée.

Mixer en purée.

CE QU'IL FAUT SAVOIR SUR

LES LÉGUMES SECS ET LE QUINOA

ORIGINE ET PRODUCTION

Dans toutes les cultures, on retrouve les légumes secs. Haricots, fèves, flageolets, lentilles et pois composent de nombreuses recettes traditionnelles mais en France, ils font partie des aliments un peu délaissés. Pourtant, les légumes secs présentent de nombreux atouts nutritionnels et sont très avantageux sur le plan économique.

QUALITÉS NUTRITIONNELLES ET BÉNÉFICES POUR LA SANTÉ

Les légumes secs sont parfois mal aimés souvent mal connus, en tout cas ils sont mal nommés. Le mot « sec » est en effet peu réjouissant en cuisine.
En fait ce mode de conservation est un atout pratique : on peut toujours en avoir sous la main.
Il suffit d'anticiper un peu quand on veut les préparer.
En commun ils ont une richesse en protéines végétales, en glucides, en fibres, en plusieurs minéraux et vitamines. Le quinoa est là comme outsider puisque ce n'est pas une légumineuse mais une graine d'une autre nature.

Toutes les études épidémiologiques (c'est à dire réalisées sur des populations) montrent que les styles alimentaires traditionnels comprenant des céréales complètes, des légumes secs sont associés, à condition d'une activité physique suffisante, à une moindre survenue de diabète de type 2. De quoi ne pas les abandonner.

Rédigé avec le concours scientifique du Service de Nutrition de l'Institut Pasteur de Lille.

LA COMPLÉMENTATION VÉGÉTALIENNE

Considérées individuellement, les protéines végétales n'apportent pas tous les acides aminés essentiels comme les protéines animales. Cependant, associées de façon judicieuse, elles peuvent remplacer l'œuf, la viande ou le poisson.

Ainsi, consommées en association avec des céréales, les légumineuses permettent d'équilibrer un repas sans viande par exemple. On retrouve d'ailleurs ce type d'association dans de nombreux plats traditionnels populaires comme la semoule et les pois chiches dans le couscous au Maghreb ou encore les haricots rouges et les galettes de mais dans la cuisine méxicaine.

CHOISIR ET CONSERVER LES LÉGUMES SECS

Toute l'année

Les légumes secs doivent être conservés dans un endroit sec et à l'abri de la lumière, idéalement dans des boîtes hermétiques.
Il est conseillé de les rincer avant de les cuisiner.

Houmous de Betterave

V

Préparation : 20 mn
Cuisson : 1 h 30

Pas de cuisson si vous utilisez des légumes déjà cuits.

Si vous utilisez des pois chiches en bocal (déja cuits) ajoutez 1/2 jus de citron et 1/2 verre d'eau au moment de mixer

1 **Faites tremper** les pois chiches toute la nuit. Faites-les cuire 1h dans l'eau salée.
Dans une autre casserole, faites cuire la betterave (voir page 12)

2 Quand les pois chiches sont cuits, égouttez-les en réservant **25 cl de jus de cuisson.**
Épluchez la betterave.
Épluchez l'ail et l'oignons.
Coupez l'oignon en lamelles.

3 **Faites dorer** très rapidement **les graines de sésame** dans une poêle anti-adhésive (sans ajouter de matière grasse).

4 Mixez les graines de sésame dorées avec l'huile de sésame, puis **mélangez-bien en écrasant** pour obtenir la consistance d'une pâte. *(Si vous n'avez pas d'huile de sésame, l'huile de noisette ou d'olive feront l'affaire)*

5 **Mixez les betteraves et les pois chiches ensemble** en y ajoutant la pâte aux graines de sésame, le jus de cuisson des pois chiches, le citron, l'ail, le cumin et l'oignon émincé.

Présentez le houmous accompagné de bâtonnets de carottes, celeris ou épis de maïs.

Purée de Haricots Blancs

Préparation : 25 mn
Cuisson : 40 mn

ingrédients

- 4 c à soupe d'huile d'olive
- Sel
- Poivre noir du moulin
- 1/2 citron pressé
- Moutarde (facultatif)
- 1 gousse d'ail
- Quelques feuilles de coriandre fraîche (ou persil plat)
- 400 g de haricots secs (ou 2 boîtes de 400 g de haricots cuisinés)
- 10 cl de bouillon de volaille

Cette purée originale peut être servie avec des grillades.
Les variantes d'assaisonnement sont nombreuses : moutarde, harissa, coriandre....selon votre goût !

Si vous préparez la purée avec des haricots en boîte (déjà cuits) : rincez-les à l'eau fraîche puis réchauffez-les dans 25 cl de bouillon, 5 mn à feu doux.

1 **Faites « blanchir »** les haricots secs en les faisant bouillir 15 mn dans l'eau non salée, puis rincez-les rapidement à l'eau fraîche. **Faites-les cuire ensuite** 50 mn dans 1 litre et demi d'eau en ajoutant le cube de bouillon (ne salez pas l'eau de cuisson).

2 Épluchez et écrasez l'ail.
Pressez le jus de citron.
Ciselez la coriandre.

3 Quand les haricots sont bien chauds, **laissez-les dans le bouillon** et écrasez-les avec une fourchette ou un presse-purée, en ajoutant le jus de citron, l'ail et l'huile d'olive. Assaisonnez de poivre et éventuellement de sel, parsemez de coriandre ciselée. Assaisonnez de moutarde à l'ancienne.

Risotto de Quinoa

Préparation : 15 mn
Cuisson : 10 mn

Le quinoa appartient à la famille des céréales. Facile à préparer, il peut être consommé par toute la famille, il est trés bien toléré par les allergiques au gluten.

⊕ sel et poivre

ORIGINE ET PRODUCTION

Il y à plus de 5000 ans, les Incas ont été les premiers à cultiver et consommer cette graine sur les hauts plateaux d'Amérique du Sud. De nos jours, le quinoa est cultivé principalement au Pérou, Equateur et Bolivie.

1 **Pelez la courgette** et coupez-la en petits morceaux, lavez le poivron et coupez-le en petits morceaux.

2 Faites chauffer 1 c à soupe d'huile d'olive dans une poêle **et faites revenir la courgette** et le poivron.
Lavez le quinoa à l'eau fraîche dans un grand bol et égouttez-le. Versez le quinoa dans la poêle et remuez puis mouillez avec l'eau.

3 **Saupoudrez le curry,** salez et poivrez. Remuez et laissez cuire à feu doux pendant 15 mn, en couvrant.

4 En fin de cuisson **ajoutez le lait de coco,** mélangez bien et laissez cuire encore 3 mn.
Quand le quinoa est transparent, arrêtez la cuisson et servez en décorant de quelques feuilles de basilic.

QUALITÉS NUTRITIONNELLES

Le quinoa est l'une des céréales la plus riche en protéines (14%). Contrairement à la plupart des céréales, le grain de quinoa contient tous les acides aminés essentiels que l'organisme ne peut pas fabriquer.
Il est riche en vitamines du groupe B, et contient de nombreux minéraux dont le Fer et le Phosphore. Le quinoa ne contient pas de gluten et peut être introduit bien cuit dans l'alimentation des bébés dès 10 mois.

Un « risotto » original et délicieux, pour découvrir le Quinoa

Purée de Pois Cassés

Préparation : 5 mn
Cuisson : 1h

ingrédients

350 g de pois cassé

3 tranches de poitrine fumée

sel et poivre

1 oignon

+ 2 gousses d'ail

Pour la déco : faites griller dans une poêle, sans matière grasse, quelques tranches fine de poitrine fumée, 3mn sur chaque face, pour qu'elles soient bien dorées.
Séchez-les sur un papier absorbant.

1 **Rincez les pois cassés** à l'eau fraîche et égouttez-les. Coupez les tranches de poitrine fumée en morceaux de 4 cm de longeur environ.

2 Mettez **tous les ingrédients** dans un faitout, **ajoutez l'eau à hauteur** et salez. Portez à ébullition et laissez cuire à feu doux pendant 1 heure à couvert.

3 Après cuisson,
évacuez un peu d'eau de cuisson en la récupérant dans un bol.

4 Réduisez la purée avec un mixeur quelques minutes, la purée doit être onctueuse, **si elle est trop épaisse, ajoutez un peu de jus de cuisson** et remuez.

Conseil : Si vous ne servez pas la purée tout de suite, elle aura tendance à s'épaissir.
Vous devrez l'assouplir en la fouettant avec un peu de lait ou d'eau au moment de servir.

Le Céleri branche

Préparation

1 Couper
2 Laver
3 Ôter
4 Blanchir

Supprimer la verdure et coupez en morceaux (la verdure peux être utilisée pour aromatiser une soupe)

Laver les tiges sous le jet du robinet

Ôter les fibres en partant de la base

Faire blanchir 3mn dans l'eau salée.

Un aromate autant qu'un légume, qui peut se consommer cru ou cuit.

le céleri branche, rassasiant et peu calorique !

CE QU'IL FAUT SAVOIR SUR

LE CÉLERI BRANCHE

Energie 12 kcal · Eau 93,9 mg · Glucides 1,9 g · Fibres 2 g

Bcaroténe 510 µg · Vitamine B9 69,3 mg

Composition nutritionnelle moyenne du céleri branche cru (pour 100g) source CIQUAL 2008

ORIGINE ET PRODUCTION

Le céleri est un légume utilisé initialement comme condiment car il est très aromatique.

La sélection génétique des espèces a permis de développer deux variétés de céleri : le céleri-rave dont on mange la racine et le céleri-branche dont on consomme les feuilles et le pétiole.

En France, le céleri est cultivé principalement dans la moitié ouest du pays.

En dehors de la saison, il provient d'Italie (qui est le plus gros producteur de l'Union Européenne) ou d'Espagne.

QUALITÉS NUTRITIONNELLES ET BÉNÉFICES POUR LA SANTÉ

Le céleri branche lui n'a pas tant la côte que les bettes !
Et pourtant goûtez et voyez. Une très faible teneur en énergie mais un concentré de certaines vitamines et minéraux.
Parmi ceux-ci le potassium, un illustre inconnu pourtant présent dans toutes nos cellules et en équilibre dans le corps avec le sodium pour réguler à la baisse la pression artérielle.

Or la plupart des diabétiques souffrent d'hypertension artérielle.
Il est très important pour atténuer ce risque de consommer peu de sodium (sel) mais aussi de consommer beaucoup de potassium dont les légumes sont la meilleure source, céleri en branche compris.

Rédigé avec le concours scientifique du Service de Nutrition de l'Institut Pasteur de Lille.

De juin à février

CHOISIR ET CONSERVER LE CÉLERI BRANCHE

La saison du céleri-branche va de fin juin à février.
Le céleri branche se conserve très bien. Il suffit de laver les feuilles, d'enlever le fil des côtes et de les placer dans un sac au congélateur ou dans un linge humide au réfrigérateur.

Petite purée de Céleri

Préparation : 15 mn
Cuisson : 13 mm

Le petit + d'Annabelle :
A conserver pour aromatiser la cuisson d'une viande ou des autres légumes.
A servir également à l'apéritif avec des batonnets de légumes crus.

ingrédients

1 botte de céleri branche

gros sel

1

Suprimez les feuilles les plus foncées.
Lavez les branches
et coupez-les en morceaux, en enlevant les fils.

2

Faites-les blanchir dans une casserole d'eau salée portée à ébullition 3 mn. Égouttez-les et **rafraîchissez-les** sous l'eau froide.

3

Remplissez une casserole d'eau salée, **et faites cuire à nouveau** les branches de céleri, 10 mn environ.

4

Après cuisson, égouttez puis **réduisez les morceaux de céleri en purée** avec un mixer.

5

Conservez cette purée en pots comme une confiture, et utilisez-la en garniture à côté d'un plat de poisson ou de viande blanche.

Remplissez les pots à chaud, remettez le couvercle et retournez le pot pour qu'il se conserve plus longtemps.

Céleri en cocotte

Préparation : 15 mn
Cuisson : 13 mn

ingrédients

- 1c à soupe d'huile d'olive
- 1 kg de céleri en branche
- 1 noix de beurre salé (facultatif)
- 1 pincée de noix de muscade en poudre
- 4 branches de Persil

1 **Préparez les tiges de céleri,** supprimez les verdures et les fibres.

Réservez quelques verdures pour garnir le plat.

2 **Découpez les tiges en tronçons** de 5 cm environ et faites-les blanchir 3 mn.
Égouttez-les.

3 Faites chauffer l'huile dans un faitout à feu doux,
et ajoutez les morceaux de celeris.
Salez et poivrez et **ajoutez la muscade râpée.**

4 Remuez et faites **cuire à feu doux,** en couvrant pour laisser étuver. Laissez cuire 10 mn.
Parsemez de persil et verdure de céleri ciselés.

Variante « à la bolognaise »

Faites revenir un oignon émincé dans 1 c à soupe d'huile d'olive.
Ajoutez un bol de purée de tomates, salez, poivrez, laissez mijoter 10 mn et ajoutez aux céleris.
Vous pouvez également émietter un steak haché dans la sauce tomate,
et laisser cuir 5 mn de plus en remuant.

Avant de servir laissez fondre une noix de beurre salé sur le dessus.

Céleri Branche
cru en tapas

Préparation : 10 mn
Pas de cuisson

Si les céleris sont très verts, utilisez de préférence le cœur de la botte qui est plus tendre.

ingrédients

Vous pouvez également présenter d'autres morceaux de légumes. Par exemple des carottes, ou petits bouquets de chou-fleur. Variez les sauces en préparant par exemple une sauce à base de miettes de crabe et d'une mayonnaise allégée.

1 **Préparez les branches de céleri** en les nettoyant et en ôtant les fibres.

2 Coupez les branches dans la longueur pour faire des **bâtonnets.**

3 **Préparez la sauce** à base de fromage blanc et de roquefort :
1c à soupe de fromage blanc allégé pour 1c à soupe de roquefort.
Poivrez et mélangez bien à la fourchette pour obtenir une «pommade»

4 Présentez la sauce dans un plat de service, **avec les bâtonnets de céleri.**

Céleri
au citron confit
et noix de Saint Jacques

Préparation : 15 mn
Cuisson : 10 + 30 mn

ingrédients

+ 1 gousse d'ail

Le petit plus : s'il vous reste un bulbe de fenouil, ajoutez-le à la cuisson des céleris.

1 Lavez et **effeuillez les branches de céleri**, supprimez les fils. Coupez les branches en petits tronçons.
Épluchez l'oignon et coupez-le en rondelles.
Épluchez l'ail et coupez-le en petits morceaux.

2 Faites chauffer l'huile dans une **grande poêle** et ajoutez-y les morceaux de céleri. **Ajoutez les rondelles d'oignon** et laissez cuire 5 mn en remuant.

3 L**avez 2 citrons** et coupez-les en rondelles.
Ajoutez-les aux céleris et couvrez la poêle, **laissez cuire 10 mn.**
Pressez **le jus du dernier citron.**

4 **Dans une autre poêle,** faites fondre à feu doux l'ail et l'échalote émincés. **Ajoutez les noix de St Jacques,** salez, poivrez et laissez cuire 5 mn à feu moyen. Juste avant la fin de cuisson, **déglacez la poêle avec le jus de citron.**

5 Assemblez **les céleris et les noix de St Jacques** dans un plat de service en répartissant les rondelles de citron confits, et en parsemant de persil plat ciselé.

Vous pouvez servir les céleris avec quelques spaghettis, un plat unique rafiné et original.

Le Pâtisson

Préparation

1 Cuire entier
2 Préparer
3 Découper

Laver

Couper en 2

Retirer le pédoncule

Ôter les graines

Couper en gros dès ou en lamelles

Le goût du pâtisson est proche de celui de l'artichaut, pourquoi ne pas le mettre en dés sur une pizza ?

Le pâtisson: léger et vitaminé, ideal pour les menus minceur !

LE PÂTISSON

Energie 18 kcal	Eau 94 g/ml	Glucides 4 g	Fibres 1,1 g	Phosphore 36 mg	Potassium 182 mg
Calcium 19 mg	Manganese 0,16 g	Fer 0,4 mg	Cuivre 0.10 g	Vitamine C 18 mg	Vitamine B9 30 µg

Composition nutritionnelle moyenne du patisson cru (pour 100g) source Table canadienne 2010 FCEN

ORIGINE ET PRODUCTION

Le pâtisson appartient à la famille des courges.

Il est originaire d'Amérique centrale.
Sa production est assez confidentielle en France où on lui préfère la courgette.

Ce légume à la forme originale a subi de nombreuses évolutions par sélection des graines au fil du temps.

QUALITÉS NUTRITIONNELLES ET BÉNÉFICES POUR LA SANTÉ

C'est un éminent membre de la très grande famille de cucurbitacées.
Le pâtisson fait penser à « pâtissier ».
Y aurait-il quelque chose en commun ?
sans doute sa texture assez épaisse, pâteuse, et pourtant délicieuse.

De ce fait parmi les cucurbitacées c'est le moins riche en eau et le plus riche en fibres.

Chacun sait qu'elles sont utiles, mais chacun sait-il pourquoi ?
Certes pour le transit intestinal à condition de boire suffisamment d'eau, mais aussi pour la flore intestinale, pour l'élimination des acides biliaires et la baisse du cholestérol, et aussi pour atténuer l'élévation de la glycémie après le repas.
Pas une raison pour se bourrer de ... pâtisseries.

La vitamine C favorise l'absorption du fer d'origine végétale. Elle a une activité antioxydante et cicatrisante.
La vitamine B9 est essentielle à la production de nouvelles cellules. Une consommation adéquate est donc primordiale durant les périodes de croissance et de grossesse.
Les fibres du pâtisson procurent une satiété durable qui évite les grignotages entre les repas.

Rédigé avec le concours scientifique du Service de Nutrition de l'Institut Pasteur de Lille.

CHOISIR ET CONSERVER LE PÂTISSON

De juin à février

Le pâtisson doit être ferme, sans tâches. La peau devient vite fibreuse, elle ne se consomme pas, contrairement à celle de la courgette. Le pâtisson se congèle très bien.
Pour celà, coupez-le en morceaux et blanchissez-le quelques minutes à l'eau bouillante.

Poêlée de Pâtisson
aux champignons

Préparation : 10 mn
Cuisson : 15 mm

Une préparation qui peut ensuite être gratinée rapidement au four avec un peu de fromage râpé.

+ sel, poivre

1

Épluchez le pâtisson, ôtez les graines.
Coupez la chair en tranches assez fines.

2

Mettez les lardons à fondre dans la poêle.
Nettoyez **et coupez les champignons** en lamelles (ou en 4 s'ils sont petits).

3

Ajoutez les morceaux de pâtisson et les champignons, salez très légèrement **et parsemez de romarin.**

4

Laissez cuire 15 mn à feu moyen pour faire dorer les champignons.

5

5 mn avant la fin de la cuisson, **ajoutez l'ail haché,** remuez, terminez la cuisson et servez bien chaud.

Velouté de Pâtisson aux noisettes

Préparation : 10 mn
Cuisson : 15 mn

ingrédients

Idée : vous pouvez faire griller à la poêle (sans matières grasse) les éclats de noisettes pour décorer les bols et poivrer généreusement.

1 **Lavez le pâtisson, retirez le pédoncule, et coupez la chair en gros quartiers.** Faites cuire les morceaux de pâtisson dans une casserole d'eau salée pendant 15 mn.

2 **Réduisez les noisettes en miettes** en les enfermant dans un sachet plastic, et écrasez au rouleau.

3 Après la cuisson du pâtisson, **éliminez un peu de jus de cuisson,** ajoutez le lait et les petits suisses et poivrez.

4 **Mixez la préparation 30 secondes.** Ajoutez les noisettes concassées et mixez encore 30 secondes.
Vérifiez l'assaisonnement.

Servez le velouté bien chaud dans des bols décorés de noisettes concassées.

Tarte aux Pâtisson

V

pour 6 personnes

Préparation : 20 mn
Cuisson : 40 mm

Avant de commencer, faites pré-cuire la pâte dans le plat à tarte 10 mn à 180°.

ingrédients

+ sel, poivre du moulin

1 **Coupez le patisson en 4** pour l'éplucher et ôter les graines. **Coupez la chair en cubes** et faites-les cuire dans une casserole avec le lait pendant 10 mn. Après la cuisson **égouttez la chair du pâtisson** et écrasez-la à la fourchette.

2 **Battez les œufs,** ajoutez la crème fraîche et ajoutez-les à la purée de pâtisson, mélangez, salez et poivrez.

3 Quand la pâte est pré-cuite, **recouvrez-la de fromage** de chèvre et puis répartissez le parmesan.

4 Enfin **versez la purée de pâtisson,** lissez à la spatule et décorez de très fines lamelles de pâtisson.

5 **Parsemez les graines de cumin** et mettez au four **30 minutes** à 180°C. Dégustez bien chaud dès la sortie du four.

Cette recette peut se réaliser indifféremment avec un patisson jaune ou blanc.

Petits Pâtissons farcis

ingrédients

4 petits patissons (ou 1 gros de 1 kg environ)

Poivre du moulin

2 échalotes

200 g de viande de veau hachée

200 g de viande de porc hachée

1 oignon

⊕ une branche d'estragon

Préparation : 20 mn
Cuisson : 35 mn

Note : si vous voulez les faire gratiner, 5 mn avant la fin de la cuisson, retirez les châpeaux et ajoutez un peu de parseman râpé sur le dessus de la farce. Vous remettrez les châpeaux à la sortie du four avant de servir.

1 **Lavez les pâtissons** et faites-les cuire dans l'eau bouillante salée pendant 10 mn (20 mn au moins pour 1 gros pâtisson). **Épluchez l'oignon** et les échalotes et coupez-les en lamelles. Égouttez les pâtissons après cuisson et **laissez refroidir**.

2 Ôtez le pédoncule et **découpez un « chapeau »**, puis **creusez l'intérieur** avec une petite cuillère. Débarassez d'abord les graines puis réservez **la chair de chaque pâtisson dans un bol** (prenez soin de ne pas percer la peau des pâtissons en les évidant).

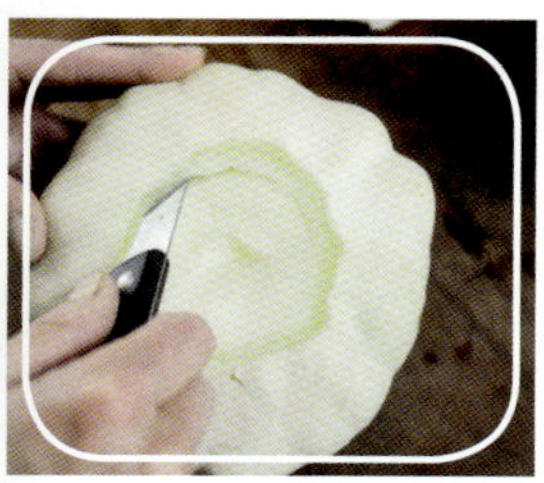

3 **Écrasez bien la chair** des pâtissons à la fourchette (ou mixez-la). **Faites dorer** légèrement **l'oignon** émincé dans une poêle avec 1c à café d'huile d'olive, ajoutez **les 2 viandes hachées** en les mélangeant bien, ajoutez **1 échalote** émincée et laissez cuire pendant 5 mn. Poivrez et retirez du feu.

4 Dans un grand saladier, **mélangez la moitié de la chair** des pâtissons et la viande pré-cuite. Salez et poivrez et ajoutez la 2ème échalote émincée, malaxez bien.

5 **Remplissez chaque pâtisson** du mélange chair/viande et déposez une petite branche de romarin avant de recouvrir avec le « chapeau ». **Enfournez** et laissez cuire pendant **20 mn à 180°.**

Les Fèves

Préparation

1 Écosser
2 Blanchir
3 Ôter la
2ème peau

Écosser les fèves

Blanchir, Plonger dans l'eau bouillante salée 5 mn et rafraîchir

Retirer la 2émé peau (très facile si vous avez fait blanchir les fèves).

1,5 kg de fèves entières = 500 g de fèves écossées

LES FÈVES

ORIGINE ET PRODUCTION

La fève est une légumineuse que l'on retrouve souvent dans la cuisine des pays méditerranéens où elle est encore très cultivée.

En France, la fève est surtout utilisée pour fabriquer de la farine qui entre dans la composition de nombreux aliments comme le pain dont elle facilite la fabrication.

Energie	Eau	Glucides	Fibres
62,4 kcal	80,8 g	8,5 g	4,5 g

Cuivre	Protéines	Vitamine C	Vitamine B5	Vitamine B9
0,15 mg	5,8 g	13,4 mg	1,3 mg	64,7 µg

Composition nutritionnelle moyenne de la fève cuite (pour 100g) source Ciqual 2008

QUALITÉS NUTRITIONNELLES ET BÉNÉFICES POUR LA SANTÉ

Les fèves ont de la délicatesse.
Elles s'entourent d'une enveloppe qui les protège et les camoufle avec pudeur.
Pour accéder à leur saveur suave et amère à la fois il faut donc les découvrir.

Elles s'apprécient seules, à l'huile d'olive ou avec une pointe de citron.
Voici une entrée simple mais raffinée qui répond à tous les canons de la diététique : bon, nourrissant mais pas trop, agréable à préparer et à manger.

Il faut simplement prendre son temps ce qui permet de manger moins et détendu :
le rêve quand on doit faire attention à son alimentation, à son poids et à sa santé.

La consommation de fibres permet de réguler le transit intestinal et participe à la prévention du cancer du colon.
Elle diminue également la cholestérolémie. La vitamine C est une vitamine qui protège l'organisme des effets du vieillissement.
Le cuivre joue un rôle important dans l'immunité de l'organisme.

Rédigé avec le concours scientifique du Service de Nutrition de l'Institut Pasteur de Lille.

CHOISIR ET CONSERVER LES FÈVES

De avril à juin

Au printemps, vous pourrez trouver des fèves fraîches.
Pour être plus digeste, la fève fraîche doit être débarrassée de sa peau très épaisse après cuisson (compter 30 minutes de cuisson). Une fois écossée, la fève peut se congeler mais il faut préalablement la blanchir à l'eau bouillante. Comme les autres légumes secs, la fève sèche se conserve un an à température ambiante.
Les fèves sèches nécessitent un long trempage (une nuit) suivi d'une cuisson d'au moins 3 heures.

Fèves au yaourt de brebis

Préparation : 10 mn
Cuisson : 20 mn

Le petit + d'anabelle : vous pouvez remplacer le yaourt de brebis par du tofu.

ingrédients

+ 2 c à soupe d'huile d'olive, Sel Poivre

1 **Écossez les fèves** et faites-les blanchir 5 mn. Rincez-les rapidement à l'eau fraîche. Épluchez les carottes et coupez-les en petits dés.

2 **Épluchez l'oignon et l'ail,** et coupez-les très finement. Faites chauffer l'huile dans une poêle et **faites revenir l'ail et l'oignon** à feu doux 3 mn.

3 Ajoutez les dés de carotte puis **ajoutez la sauge et le thym,** salez, remuez **et laissez cuire à feu doux 5 mn.**

4 **Ajoutez les fèves,** arrosez d'un verre d'eau, couvrez **et laissez cuire 10 mn.**

5 Mélangez la 2ème **gousse d'ail hachée au yaourt** de brebis. Après la cuisson, laissez refroidir, retirez les feuilles de sauge cuites, puis répartissez la sauce au yaourt sur le dessus. **Servez cette entrée bien fraîche** dans des verres individuels, en décorant d'une feuille de sauge fraîche (cette feuille ne sera pas consommée car la sauge est plutôt dure sous la dent).

Pour une entrée très raffinée il est conseillé de supprimer la seconde peau des fèves après les avoir blanchies.

Fèves
en Ragoût estival

Préparation : 20 mn
Cuisson : 35 mn

⊕ Sel Poivre, 1 carotte

Sucré salé ? Ajoutez quelques raisins blonds pendant la cuisson.

***

Renforcez le parfum de votre plat au parsemant un peu de coriandre fraîche ciselée avant de servir.

1. **Épluchez les fèves** et faites-les blanchir 5 mn.
Épluchez l'oignon et coupez-le en fines rondelles.

2. Dans un faitout à fond épais, faites chauffer 1c à soupe d'huile d'olive et **faites revenir l'oignon et la viande coupée** en gros dès.
Saupoudrez les épices et faites bien dorer

3. **Lavez le poivron, la carotte et la tomate,** et réduisez-les en **très petits dès,** ajoutez-les à la viande et remuez.

4. **Ajoutez les fèves,** ajoutez les gousses d'ail entières, **arrosez avec 1 verre d'eau,** salez et poivrez et laissez cuire en couvrant **15 mn.**

5. Lavez et **épluchez les pommes de terre,** coupez-les en rondelles d'une épaisseur de 5 mm et ajoutez-les dans le faitout , parsemez de coriandre ciselée, remuez et **laissez cuire encore 10 mn à couvert.**
Servez bien chaud, avec un plat de boulghour ou un riz nature.

Fèves (V)
en cassolette

Préparation : 20 mn
Cuisson : 20 mn

Si vous ne parfumez pas le plat avec le cumin en poudre, ce plat aura un goût très « nature » renforcé par le parfum de la salade cuite.

ingrédients

- 8 feuilles de salade (chicorée ou scarole)
- 2 pommes de terre
- 1 gousse d'ail
- 1 c à café de cumin en poudre (facultatif)
- 1 tomate bien mûre
- 500g de fèves fraîches écossées

+ 2 c à soupe d'huile d'olive, sel, poivre

1 **Épluchez les pommes de terre** et coupez-les en rondelles. Écossez les fèves et faites-les blanchir 5 mn.

2 **Pelez la tomate** et coupez-la en dés. Ôtez la seconde peau des fèves (pour ce plat vous pouvez aussi les cuisiner avec la peau, vous gagnerez du temps, et la seconde cuisson des fèves suffira à les attendrir).

3 **Mettez les fèves blanchies dans une casserole** avec 1 c à soupe d'huile d'olive, remuez et laisser cuire 5 mn.
Ajoutez la tomate puis les rondelles de pommes de terre.

4 Mélangez, **ajoutez un peu d'eau** dans la casserole, **ajoutez l'ail,** salez et poivrez, couvrez et laissez **cuire à feu doux 10 mn.** Lavez et **coupez finement la salade,** ajoutez-la aux fèves.

5 Vous pouvez parfumer d'un peu de **cumin moulu,** remuez et laissez cuire encore 5 mn.
Servez bien chaud en accompagnement d'une volaille, en disposant les fèves sur une feuille de salade fraîche, ou en petites casolettes.

Verrines de Fèves a la menthe

ingrédients

Variante
remplacez la menthe par du basilic

Préparation :	20 mn
Cuisson :	35 mn

- 4 c à soupe d'huile d'olive
- 1 citron
- 3 branches de menthe fraîche
- 400 g de fèves fraîches écossées
- + un peu d'eau froide, sel poivre

1 **Écossez les fèves** et faites-les blanchir dans l'eau bouillante salée pendant 5 mn, puis rincez-les rapidement à l'eau froide.
Ôtez la 2ème peau des fèves et poivrez-les.

2 **Pressez le jus du citron.**
Mettez l'huile d'olive dans un bol et **battez énergiquement l'huile et le jus de citron.**

3 **Effeuillez la menthe fraîche** et ciselez les feuilles très finement.
Mélangez la sauce huile/citron avec la menthe hachée.

4 **Mixez 1/3 des fèves** en ajoutant un peu d'eau froide jusqu'à obtenir une consistante sirupeuse (adaptez la quantité d'eau à la consistance des fèves).

5 **Répartissez un peu de sauce à la menthe** dans le fond de chaque verrine (1 c à soupe par verrine) puis **remplissez** avec le reste des **fèves entières .**
Recouvrez chaque verrine avec 1 c à soupe **de purée de fèves.**
Ajoutez sur le dessus de chaque verrine la sauce à la menthe.
Décorez de menthe fraîche et servez très frais.

Les Herbes

cerfeuil, basilic, menthe, cresson, sauge, ciboulette, coriandre

1 Couper
2 Citronner
3 Ôter

Cerfeuil

Coriandre

Basilic

Menthe

Cresson

LES HERBES AROMATIQUES

ORIGINE ET PRODUCTION

Les herbes aromatiques ou « fines herbes » rehaussent le goût des plats et permettent de diminuer voire de remplacer le sel dans les préparations culinaires.
Après avoir été lavées, elles peuvent être congelées dans un sac plastique.

Le cerfeuil, le basilic, le persil et la ciboulette sont très riches en béta-carotène qui peut être converti en vitamine A dans l'organisme.

LE BASILIC

Le basilic a toujours occupé une place importante dans la cuisine au fil des siècles. Il en existe plusieurs espèces que l'on peut utiliser en cuisine :
le basilic à grande feuille, le plus classique, le basilic citron à petites feuilles serrées, le basilic poivre, le basilic pourpre, le basilic anis...
Le basilic se marie bien avec les tomates, le poisson (le rouget et le saumon en particulier), les pâtes, le poulet et les œufs.
Il s'allie subtilement avec le persil, le romarin, l'origan, le thym, la sauge et le safran.

LE PERSIL

En cuisine, on utilise principalement le persil frisé et le persil plat. Le persil plat est plus aromatique et supporte mieux la cuisson. Le persil frisé, finement ciselé, est idéal pour décorer un plat et se conserve très bien au réfrigérateur ou dans un verre d'eau. Le persil est l'un des élément du bouquet garni.

LA CIBOULETTE (OU CIVETTE)

La ciboulette appartient à la famille de l'oignon (les liliacées) dont elle a le goût, plus subtil cependant. Pour apprécier sa saveur, il faut la couper finement aux ciseaux, et l'ajouter au dernier moment aux préparations culinaires car elle perd son goût rapidement à la cuisson.
Elle se marie bien avec les omelettes, les crudités, les sauces, les soupes et les fromages frais (ricotta, fromage blanc).
La fleur de ciboulette peut être consommée ou utilisée pour décorer un plat.

LA CORIANDRE

Toutes les parties de la coriandre sont comestibles et chacune à sa propre saveur : graines, feuilles et mêmes les racines sont utilisées dans certains « currys ». Les feuilles fraîches s'ajoutent au plat au dernier moment pour garder tous leurs parfums. Vous pouvez associer la coriandre avec du cumin, de la menthe fraîche et aussi avec la cannelle dans les plats salés.

LE CERFEUIL

Le cerfeuil supporte mal la cuisson. Il est donc préférable de le parsemer sur le plat juste avant de le servir. Il se marie bien avec les soupes à base de crème, les omelettes, le poulet et les sauces au beurre. Il peut être associé au safran.

Rédigé avec le concours scientifique du Service de Nutrition de l'Institut Pasteur de Lille.

Bouquet garni V

Préparation : 5 mn
Pas de cuisson

1 **Lavez une feuille de poireau** bien verte.
Lavez quelques branches de persil.

Disposez sur la feuille de poireau :
le persil, 2 branches de thym,
2 feuilles de laurier,
et repliez la feuille de poireau.
Ficelez le tout.

Vous pouvez ajouter selon votre goût :
1 petite branche de céleri, un clou de girofle ...

V Chantilly aux Herbes fraîches

Préparation : 10 mn
Pas de cuisson

1 Lavez et **ciselez les herbes** très finement.
Fouettez énergiquement 20 cl de crème fraîche liquide pour la **monter en chantilly**

Mélangez les herbes hachées avec la chantilly en soulevant avec une cuillère pour que la chantilly ne retombe pas trop, et **poivrez légèrement.**
Servez cette chantilly avec des crudités (chou-fleur cru, bâtonnets de carotte crue, bâtonnets de concombre...)

Attention la chantilly toute prête contient des aromes ou du sucre !

Crème de Cerfeuil

Préparation : 10 mn
Cuisson : 10 mn

ingrédients

- 2 bottes de cerfeuil
- 1 noisette de beurre
- 20 cl de lait
- 1 cube de bouillon de légumes (dilué dans 60 cl d'eau tiéde)
- 1/2 jus de citron
- 3 pommes de terre
- 1 oignon

+ 20 cl de crème fraîche allégée, 1 pincée de noix de muscade
sel et poivre

Voir aussi :
émulsion de persil
page 99

1 **Lavez et équeutez le cerfeuil.** Ciselez le cerfeuil et réservez quelques feuilles pour la déco. **Faites disssoudre le cube de bouillon** dans 1/2 litre d'eau chaude.

2 Épluchez l'oignon et coupez-le en lamelles. Faites chauffer 1c.à soupe d'huile dans un faitout **faites revenir les oignons** et ajoutez le cerfeuil.

3 **Ajoutez les dés de pommes de terre,** salez poivrez et remuez.

4 Ajoutez enfin le bouillon et le lait. Portez à ébullition, puis **laissez mijoter pendant 20 mn** sans couvrir afin de faire épaissir.

5 En fin de cuisson, ajoutez un peu de muscade rapée et le jus de citron.

Servez bien chaud dans des assiettes creuses ou des bols, parsemez un peu de cerfeuil ciselé, et ajoutez une pointe de crème fraîche allégée.

Sauce
Pesto Basilic

Préparation : 15 mn
Cuisson : 20mm

⊕ 80 g de parmesan rapé

un verre d'huile d'olive

ingrédients

15 branches de basilic frais

4 gousses d'ail

1

Épluchez l'ail et **ôtez le germe.** Coupez-le en petits morceaux.

Cette sauce peut être servie avec des pâtes et quelques emincés de poulet cuit ou avec une soupe aux légumes méridionaux

2

Coupez les feuilles de basilic finement.Écrasez l'ail au pilon et ajoutez le basilic.

L'ideal est d'utiliser un pilon, mais on peut obtenir un résultat très correct avec une fourchette

3

Écrasez encore.

4

Ajoutez l'huile et le parmesan. Remuez quelques minutes en écrasant bien.
Réservez jusqu'au moment de servir.

Voir aussi :
Pesto de cresson
page 97

Crème à l'ail et à la Coriandre

Préparation : 15 mn
Pas de cuisson

Servez cette crème avec les galettes de lentilles page 27

Pour alléger cette sauce vous pouvez remplacer la moitié de la crème fraîche par du fromage blanc épais allégé ou par du fromage de chèvre frais.

ingrédients

- 15 branches de coriandre fraîche ciselée
- 100 g de crème fraîche allégée
- 2 gousses d'ail écrasées
- poivre du moulin
- 1 yaourt nature (brebis)
- 10 branches de persil plat

⊕ quelques feuilles de basilic frais

1 **Lavez la coriandre,** le persil et le basilic. Coupez les tiges et hachez finement les feuilles. Épluchez l'ail et réduisez-le en purée.

2 **Réunissez l'ail écrasé et les herbes** hachées dans un bol et mélangez bien en écrasant, l'ideal est d'utiliser un pilon.

3 **Ajoutez le yaourt et la crème,** assaisonnez de poivre et mélangez.

4 Présentez la crème à l'ail et à la coriandre dans un bol décoré de feuilles de coriandre et de persil plat.

Cette sauce peut se conserver 2 jours au réfrigérateur dans un récipient hermétique.

Cake de Chou-fleur au thon

1 petit chou-fleur (500 g environ)

20 cl de crême fraîche liquide allégée

Préparation : 15 mn
Cuisson : 1h

1 boîte de thon naturel (200 g)

1 jus de citron

quelques brins de ciboulette

2 oeufs

+ sel, poivre, 1 citron pour la déco

1. Débarrassez le chou-fleur des feuilles extérieures et coupez un peu la base. **Posez le chou-fleur entier** dans un panier, dans une casserole avec un peu d'eau salée (ou cuit-vapeur), faites cuire 10 mn.

2. **Mélangez la crème fraîche, les oeufs battus,** le thon émietté, le jus de citron et la ciboulette coupée en petits morceaux. Salez et poivrez.

   Après cuisson du chou-fleur, égouttez et rafraîchissez-le.

3. **Écrasez grossièrement** le chou-fleur à la fourchette et ajoutez-le au mélange crème-oeufs. Beurrez ou huilez légèrement les moules, **déposez une rondelle de citron dans le fond** et remplissez-les de la préparation. Enfournez pendant 35mn environ (la lame du couteau doit ressortir sèche).

Crème de Chou-fleur au saumon

pour 6 à 8 verrines

Préparation : 10 mn
Cuisson : 20 mn

1/2 L de lait

20 cl de crème fraîche épaisse

1 chou-fleur (1,5 Kg)

sel poivre

2 tranches de saumon fumé

1 pincée de noix de muscade

2 pommes de terres

+ 1 cube de bouillon de volaille, quelques brins de ciboulette

1. Ôtez les feuilles du chou-fleur et **séparez les bouquets.** Passez-les rapidement sous l'eau froide. Épluchez les pommes de terre. Faites chauffer 2 l d'eau salée dans un faitout, avec le cube de bouillon. Plongez-y les bouquets de **chou-fleur et les pommes de terre** coupées en 4. **laissez cuire 10mn.**

2. Après cuisson **retirez la moitié de l'eau** du faitout. **Mixez le tout,** ajoutez ensuite le 1/2 litre de lait et la crème fraîche. Mélangez bien. **Laissez cuire encore 5 mn,** en saupoudrant un peu de muscade râpée.

3. **Découpez le saumon** en lanières, répartissez-les dans le fond des verrines. **Quand le potage est bien chaud,** versez-le sur les lanières de saumon.

Et quelques brins de ciboulette fraîche.

Chou-fleur en dôme

Préparation : 5 mn
Cuisson : 20 mn

- 1 chou-fleur
- Sel
- Poivre du moulin
- 50 g de gruyère râpé
- 1/2 citron
- ⊕ 1 pincée de muscade râpée

1. Débarrassez le chou de ses feuilles externes.
Dégagez un peu la base du chou en prenant soin de **ne pas détacher les bouquets.** Passez le chou sous l'eau froide et placez-le **dans un panier de cuisson.**

2. Placez le panier dans une grande casserole avec 1/2 L d'eau salée.
Arrosez-le de jus de citron, salez et poivrez et faites cuire 10 mn.
Après cuisson, laisser égoutter dans le panier et **replacer le chou dans un plat à gratin** sans détacher les bouquets.

3. Saupoudrez de muscade et **parsemez de gruyère râpé** sur le dessus.
Enfournez à mi hauteur et laissez sous le grill le temps de faire fondre le gruyère et **gratiner l'ensemble.**
Servez le chou-fleur dans le plat de cuisson, et coupez-le en tranches (comme un gâteau).

Chou-fleur poêlé à la moutarde

Préparation : 15 mn
Cuisson : 15 mn

- 1 c à soupe d'huile d'olive
- Sel poivre
- 2 c à soupe de moutarde à l'ancienne
- 1 chou-fleur
- 2 citrons non traités

1. Débarrassez le chou-fleur de ses feuilles, **ne supprimez pas le cœur pour qu'il reste entier à la première cuisson.** Coupez 1 citron en 4.

Faites blanchir le chou-fleur entier 5 mn dans l'eau bouillante salée, **avec les quartiers de citron.**

2. Après cuisson rincez le chou-fleur à l'eau froide, égouttez-le et posez-le à plat, pour le débiter **en tranches.**

Faites chauffer l'huile dans la poêle

3. Lavez et **découpez le 2ème citron** en rondelles. Ajoutez la moutarde dans la poêle chaude et **faites dorer les tranches de chou-fleur**, ajoutez les rondelles de citron.

Épluchez et écrasez l'ail, ajoutez-le au chou-fleur, salez et poivrez.
Laissez cuire 5 mn sur chaque face (retournez les tranches avec précaution) à feu doux sans couvrir, le chou-fleur doit rester légèrement ferme.

Si vous voulez « déglacer » poêle quelques minutes avant la fin de la cuisson, arrosez avec le jus d'un 1/2 citron.

Carottes et concombres sautés

Préparation : 10 mn
Cuisson : 10 mn

- poivre du moulin
- 2 c à soupe d'huile d'olive
- 500 g de carottes
- 1/2 concombre de 200 g
- 1 oeuf
- 1/2 jus de citron
- + 1 pincée de gingembre frais

1 Épluchez les carottes.
Lavez le concombre et épluchez-le partiellement.
Découpez **les carottes et le concombre en bâtonnets très fins, ou râpez-les avec un robot.**

2 Faites chauffer l'huile dans une poêle et faites cuire les carottes **à feu vif pendant 5 mn** en remuant souvent.

Ajoutez le concombre et le gingembre râpé, arrosez de jus de citron, remuez et **laissez cuire 5 mn.**

3 **Battez l'oeuf et ajoutez-le aux légumes,** remuez bien, puis terminez la cuisson en poivrant. Servez avec quelques quartiers de citrons.

Servez bien chaud en accompagnement d'un riz nature ou très frais...le goût « vert » et citronné est très étonnant.

Carottes au cumin

Préparation : 10 mn
Cuisson : 10 mn

- 3 c.à soupe d'huile d'olive
- 1/2 citron
- 500 g de carottes
- quelques feuilles de coriandre
- 2 gousses d'ail
- 1 c à café de cumin en poudre
- 1 c à soupe de graines de cumin
- + sel, poivre, quelques olives (facultatif)

1 Lavez et épluchez **les carottes.** Coupez-les en rondelles très fines (idéalement avec un robot). Mettez-les **dans une casserole et couvrez d'eau.** Salez légèrement. Faites chauffer et **laissez bouillir 5 à 8 mn** (en fonction de l'épaisseur des rondelles de carottes).

2 Vérifiez la cuisson avec la pointe d'un couteau, les carottes doivent rester un peu fermes, **puis arrêtez la cuisson,** égouttez **et passez les carottes sous l'eau froide.** Ciselez les feuilles de coriandre.

3 **Épluchez les gousses d'ail** et réduisez-les en très petits morceaux. **Pressez le 1/2 citron** et mélangez le jus de citron avec l'huile d'olive en fouettant énergiquement puis, salez et poivrez. **Ajoutez le cumin moulu** sans arrêter de fouetter. **Ajoutez l'ail.** Répartissez cette sauce sur les carottes, parsemez de graines de cumin et de coriandre ciselée puis laissez refroidir. Servez très frais avec des olives.

Conservez deux ou trois jours ces carottes au frais, et servez les à l'apéritif.

Financier à la carotte

⊕ un peu de beurre fondu
pour enduire les 4 moules individuels

Préparation : 15 mn
Cuisson : 25 mn

Légèrement sucré, ce financier peut aussi accompagner l'apéritif. Il se conserve deux jours dans une boîte hermétique.

1 Épluchez les carottes **coupez-les en lamelles de 3mm** d' épaisseur sur la longeur. **Faites-les « blanchir »** quelques minutes en les plongeant dans une casserole d'eau bouillante (non salée).

2 Quand la pointe d'un couteau s'enfonce facilement dans la chair des carottes **égouttez-les** et aspergez-les d'eau fraîche pour arrêter la cuisson, et laissez-les refroidir.

3 **Faites un beurre « noisette »** faites fondre le beurre dans une petite casserole à feu assez vif, prévoyez un bol près de la casserole pour **récupérer le beurre dès qu'il aura obtenu une belle couleur dorée**, et mettez le bol quelques minutes au réfrigérateur pour le refroidir.

4 **Préparez la pâte :**
mélangez la farine, le sucre glace, la poudre d'amande et les graines de cumin.
Ajoutez le beurre noisette refroidi. Mélangez bien et **ajoutez les blancs d'oeuf** sans les battre.

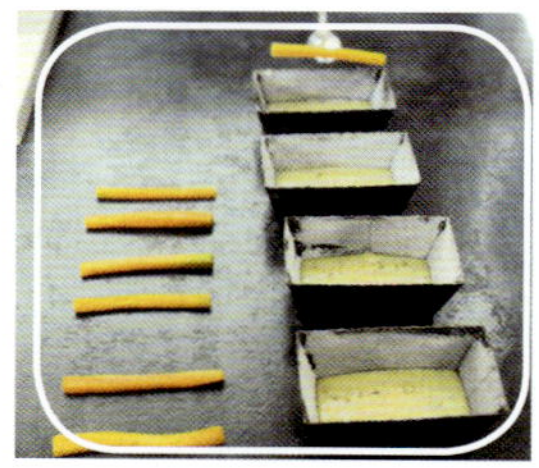

5 Graissez et farinez légèrement les moules.
Disposez un peu de pâte dans le fond de chaque moule.
Redécoupez des bâtonnets de tailles différentes pour **garnir les moules dans le sens de la longueur et dans le sens de la largeur** (pour un effet esthétique intéressant).
Remplissez les moules en alternant 1 couche de pâte - 1 couche de bâtonnets de carottes, 1 fois en longueur, 1 fois en largeur.
Enfournez 25 mn à four chaud (180°).

Curry de légumes

V

Préparation : 20 mn
Cuisson : 20 mn

ingrédients

- 1 petit bouquet de brocolis
- 1 petite brique de lait de coco
- 1 ou 2 tomates
- 2 oignons blancs
- 10 grands haricots coco
- 2 c. à soupe de curry
- 2 c. à soupe de moutarde à l'ancienne
- 2 petites courgettes
- 2 carottes
- Quelques feuilles de coriandre

+ sel/poivre du moulin 1 C à soupe d'huile

1 **Épluchez et lavez les carottes,** coupez-les en petits dés. Épluchez les courgettes et coupez-les en 1/2 rondelles. **Rincez les haricots** et coupez-les en gros morceaux.

2 Pelez la tomate et coupez-la en gros quartiers.

3 Faites chauffer 2 mn dans une grande cocotte 2 c. à soupe de moutarde à l'ancienne, ajoutez 1 c. à soupe d'huile d'olive et **faites fondre les oignons blancs** coupés en lamelles.

4 **Ajoutez les quartiers de tomates** et les dés de carottes, ajoutez les feuilles de coriandre ciselées, remuez et **laissez cuire 5 mn.** Pendant ce temps rincez le brocoli à l'eau froide **et séparez-le en très petits bouquets.**

5 **Saupoudrez les 2 c. à soupe de curry** sur les légumes dans la cocotte, **ajoutez les haricots coco, les courgettes, les brocolis et le lait de coco.** Salez, poivrez, remuez et prolongez la cuisson en couvrant la casserole pendant **encore 10 à 12 mn.**

Papillotes de poisson aux petits légumes
et sauce hollandaise

ingrédients

- 1 petite courgette
- 2 carottes
- sel, poivre 5 baies
- 2 blancs de poireau
- 4 petits filets de flétan (ou autre poisson blanc)
- 8 brins de ciboulette

⊕ 4 feuilles de papier aluminium de 30 cm de côté.

Préparation : 10 mn
Cuisson : 20 mn

Recréez cette excellente recette selon vos envies et la saison. Remplacez la courgette par du chou blanc ou le poireau par du fenouil. L'important étant de les découper trés finement

1 Supprimez les feuilles vertes des poireaux pour ne conservez que les blancs.
Lavez et épluchez les légumes.
Coupez-les en fines juliennes.

2 Découpez 4 feuilles de papier cuisson (sulfurisé ou aluminium).
Répartissez une quantité égale de légumes sur chacune des feuilles, et relevez les bords.

3 **Déposez les filets** sur chaque portion de légumes.
Salez légèrement, poivrez et déposez **2 brins de ciboulette** sur chaque portion.

4 **Facultatif :** 1 c à café de **crème fraîche allégée** sur chaque portion.
Repliez bien les bords de chaque papillotte, et enfournez 20 mn à four chaud (200°).

5 Au moment de servir, vous pouvez entre-ouvrir chaque papillotte et garnir le dessus de sauce hollandaise.

sauce hollandaise rapide page 93

Tian de courgettes
et pommes de terre

Préparation : 15 mn
Cuisson : 35 mn

vous pouvez agrémenter à votre goût en remplaçant l'estragon par une fleur d'anis étoilée avant de passer au four.

ingrédients

1 **Lavez les courgettes** et épluchez-les partiellement. **Épluchez les pommes de terre** et lavez-les soigneusement. **Lavez le bulbe de fenouil** et coupez-le en lamelles le plus finement possible.

2 Découpez les courgettes et les pommes de terre **en rondelles assez fines.**

3 Huilez légèrement le fond d'un plat en terre. **Disposez verticalement, en alternance** les rondelles de courgettes, les rondelles de pommes de terre, les lamelles de fenouil et les rondelles d'oignon. Salez et poivrez.

4 Ciselez le persil, effeuillez l'estragon parsemez-en les légumes. Répartissez la crème fraîche et parsemez les copeaux de parmesan.

5 Enfournez à 200° pendant 35 mn. **Pour éviter que le plat ne dessèche trop à la cuisson,** il est préférable de recouvrir le plat d'une feuille de papier sulfurisé ou aluminium. Vous pouvez prolonger la cuisson jusqu'à 1h (en réduisant la température de cuisson à 150°) pour obtenir un résultat plus fondant.

Ragoût de verdure

Préparation : 15 mn
Cuisson : 15 mn

ingrédients

+ quelques feuilles de basilic, Sel Poivre du moulin

1 **Lavez et coupez le poivron vert** en lamelles. **Faites revenir les petits oignons** dans un faitout avec 1 c à coupe d'huile d'olive et **ajoutez les poivrons.**

2 **Lavez et équeutez les pois gourmands,** les haricots verts, les haricots mange-tout. **Coupez-les en morceaux** et mélangez-les au poivron, remuez, ajoutez éventuellement un peu d'huile.

3 **Lavez la courgette** et épluchez-la partiellement, coupez-la en grosses rondelles.

4 Lavez le brocoli et séparez les bouquets. **Ajoutez la courgette et le brocoli,** puis les petits pois en dernier. Salez et poivrez généreusement, puis arrosez d'un verre d'eau et laissez cuire 15 mn en couvrant.

5 **Quand la cuisson est terminée,** ajoutez éventuellement un peu de beurre « manié » : 1 c à soupe de beurre ramoli mélangé à 1 c à soupe de farine. Ciselez le persil plat et parsemez juste avant de servir.

Soupe de betteraves

Préparation : 5 mn
Cuisson : 20 mn

+ 2 cuillères à soupe de crème fraîche allégée ou de fromage de chèvre frais, Sel, poivre

1 Réservez une betterave pour le décor. **Coupez 3 betteraves en quartiers.** Épluchez l'oignon et l'ail. Lavez et découpez les branches de céleri.

2 Dans une casserole, **faites dissoudre le bouillon de volaille** dans 1 litre d'eau chaude, **ajoutez les quartiers de betterave,** l'oignon et le céleri. Salez, poivrez et laissez cuire à feu doux 20mn. Pendant ce temps, râpez la dernière betterave crue.

3 Après cuisson, **mixez la préparation** et ajoutez-y la gousse d'ail écrasée et le vinaigre.

Au moment de servir, vous pouvez ajouter une cuillère à café de crème ou une cuillère de fromage de chèvre frais, du persil et de la betterave crue râpée.

La Soupe « Gros morceaux »

Préparation : 10 mn
Cuisson : 15 mn

+ 2 c. à soupe d'huile d'olive

Cette soupe peut se ré-inventer au gré de votre envie, au gré des saisons. S'il vous reste 1/2 poivron rouge ou un bulbe de fenouil, ils peuvent être ajoutés aux autres ingrédients.

1 Faites dissoudre le cube de bouillon dans 1 litre d'eau chaude.
Épluchez l'oignon et coupez-le en lamelles. **Épluchez les carottes** et le navet, puis coupez-les en dès.
Lavez **les haricots verts** et coupez-les en 2. Lavez et **épluchez partiellement la courgette** puis coupez-la en 2 dans la longueur puis en en lamelles (5 mm d'épaisseur). Épluchez l'ail et coupez-le en lamelles. **Pelez les tomates** et coupez-les en quartiers.

2 **Faites chauffer l'huile** dans un faitout et laissez fondre l'oignon, **ajoutez l'ail puis les tomates,** remuez.

3 **Ajoutez les carottes** et **le navet** coupés en dès, **les haricots verts** et enfin **la courgette en rondelles.** Poivrez généreusement et mouillez avec le bouillon, couvrez, laissez cuire 15 mn. Avant la fin de la cuisson, salez (ne salez pas trop, le bouillon contient déjà du sel) et ajoutez les feuilles de basilic.

Servez la soupe sans la mixer. Décorez d'une feuille de basilic, de poivre concassé et de copeaux de parmesan.

La Soupe de petits pois

Préparation : 5 mn
Cuisson : 15 mn

- Sel poivre
- 1 kg de petit pois frais
- 1 c à soupe de crème fraîche
- 1 oignon
- 100 g de chorizo
- 2 gousses d'ail

1. **Ecossez les petits pois.** Épluchez les gousses d'ail et coupez-les en très petits morceaux. **Épluchez l'oignon** et coupez-le en fines lamelles.

2. Dans une grande cocotte, **mettez les petits pois, l'ail, le chorizo et l'oignon,** puis couvrez avec de l'eau froide. Laissez cuire à feu moyen en couvrant, pendant 30 mn.

3. Faites frire quelques rondelles de **chorizo** dans une poêle sans matière grasse, jusqu'à ce qu'ils soient désséchés. Posez-les quelques minutes sur du papier absorbant puis réduisez-les en miettes. Après cuisson, mixez la préparation puis ajoutez la crème fraîche.

Vous pouvez servir la soupe dans des petits bols garnis de miettes de chorizo grillé.

La Soupe de tomates

Préparation : 20 mn
Cuisson : 15 mn

- 2 c. à café d'huile d'olive
- 1 kg de tomates bien mûres
- 8 feuilles de basilic
- 1 branche de thym
- 1 oignon
- 2 gousses d'ail
- 1 morceau de sucre
- + sel et poivre du moulin

1. **Pelez les tomates** en les plongeant quelques minutes dans une casserole d'eau très chaude, et coupez-es en gros quartiers. **Épluchez l'ail et l'oignon** et coupez-les finement.

2. Faites chauffer dans un faitout avec l'huile d'olive pendant 2 mn (les oignons doivent être translucides). **Ajoutez les tomates,** le basilic, la fleur de thym, le sucre, le sel, et un peu de poivre du moulin **et mouillez avec 1 litre d'eau.** Portez à ébullition et **laissez cuire 15 mn.**

3. Après la cuisson, **mixez la soupe** à la tomate **et filtrez-là** en la passant au tamis. Au moment de servir, ajoutez 1 c. à soupe d'huile d'olive et servez avec des croûtons de pain grillé frottés d'ail.

Purée de Courgettes V
en verrines

Préparation : 15 mn
Cuisson : 20mm

Pour cette recette, choisissez des petites courgettes, car elle présentent une chair sans graines.

1. Dans un faitout, faites dissoudre le cube de bouillon dans 1 l. d'eau chaude. **Pelez et lavez les courgettes,** puis coupez-les en **rondelles épaisses.** Poivrez légèrement le bouillon et faites chauffer en y plongeant les courgettes, **laissez cuire 5 mn en couvrant.**

2. Après cuisson, **égouttez les courgettes,** et laissez-les dans la passoire. Pendant ce temps, **épluchez les oignons** et coupez-les en lamelles.

3. **Faites chauffer l'huile** dans le faitout, et laissez dorer légèrement les oignons émincés, puis ajoutez les courgettes, laissez cuire 10 mn à feu doux.

4. Pendant ce temps, **épluchez l'ail** et coupez le en très petits morceaux.
Ciselez les feuilles de menthe très finement. Mélangez ces 2 ingrédients avec le jus d'un 1/2 citron et **ajoutez-les aux courgettes.**

5. **Fouettez énergiquement** pour bien mélanger et assouplir la purée.

Répartissez la purée dans les verrines ou le plat de service **et conservez au frais** jusqu'au moment de servir. Décorez de feuilles de menthe.

Purée de Panais

Préparation : 10 mn
Cuisson : 20 mn

+ 1c. à café d'huile de noisette
Poivre, un torchon propre

Conseil du chef : servez cette purée avec les Saint Jacques en croûte de quinoa page 101

1 **Épluchez les panais** et coupez-les en grosses rondelles. Plongez-les dans une casserole remplie d'eau froide et **portez à ébullition pendant 20 mn.**

2 Après la cuisson, **égouttez au maximum** les panais et passez-les au mixer en ajoutant **l'huile de noisette** et une pincée de sel ainsi qu'un peu de poivre.

3 Placez la purée dans un torchon propre, repliez les 4 coins et **tordez le torchon** au dessus d'un plat pour en extraire le maximum de jus.

4 Laissez ensuite refroidir la purée. **Battez la crème** liquide en chantilly et ajoutez-la à la purée un peu refroidie, mélangez bien.
Présentez la purée dans un grand bol avec une noisette de beurre.

Une purée trés raffinée qui vous fera découvrir un légume oublié.

Purée de Patate douce

V

Préparation : 15 mn
Cuisson : 10mm

Le potiron peut très bien remplacer la patate douce pour réaliser cette recette.

⊕ quelques feuilles de salade lavée pour présenter la purée
1 c. à soupe d'huile, Sel/poivre

1 **Épluchez la patate douce** et coupez-la en rondelles. Faite-la cuire à l'eau salée pendant 10 mn, puis égouttez et laissez-les refroidir.

2 **Préparez la sauce :**
Ciselez la coriandre, pressez le jus du citron. Épluchez et hachez l'ail très finement. **Mélangez l'ail haché avec 2 c. à soupe de crème fraîche** (ou de tofu), ajoutez **le jus de citron et le raifort** et mélangez énergiquement. Ajoutez la moitié de la coriandre ciselée.

Augmentez un peu les proportions si vous voulez plus de sauce pour servir avec la salade verte.

3 **Écrasez les patates douces** en purée, **puis ajoutez la sauce.**

Mélangez bien et dressez la purée sur de grandes feuilles de salade

4 Épluchez **le 1/2 concombre et la carotte** et débitez-les en très fins bâtonnets.
Disposez ces bâtonnets autour de la purée, **saupoudrez de graines de sésame** et du reste de coriandre ciselée.

5 Cette purée un peu acidulée s'accorde de façon originale à un plat de poisson blanc, ou peut être servie en entrée, dans ce cas prévoyez un peu plus de sauce pour assaisonner la salade.

Décorez de coriandre ciselée et de graines de sésames. Une entrée acidulée, ou un accompagnement ideal et coloré.

Ma purée de Poireaux

Préparation : 10 mn
Cuisson : 10 mn

- 3 poireaux
- 10 cl de lait
- Sel/poivre
- 4 pommes de terre
- 10 cl de crème fraîche liquide allégée
- + 1 pincée de muscade râpée

1 **Ôtez l'extrémité vert foncé des poireaux**, et les racines. Fendez les poireaux sur la longueur et lavez-les sous le jet du robinet en écartant bien les feuilles. Égouttez-les.
Épluchez et coupez les pommes de terre en 4 et **émincez les poireaux en fines rondelles.**

2 Mettez les pommes de terre et les poireaux dans un faitout, ajoutez 25cl d'eau froide et le lait, salez et poivrez, et **laissez cuire 10 mn** à feu assez vif en couvrant.

3 Après la cuisson, égouttez ce qui reste du jus de cuisson et **écrasez au presse purée.** Ajoutez la crème fraîche et **fouettez la purée.**
Servez rapidement.

Cette purée peut avoir une consistance un peu collante qui n'est pas désagréable. Cet effet sera renforcé par un passage au mixer électrique.

Multi-purée

Préparation : 15 mn
Cuisson : 20 mn

- 3 carottes
- 20 cl. de crème fraîche allégée
- 1/2 boule de céleri rave
- 3 pommes de terre
- 2 feuilles de laurier
- 1 clou de girofle
- 6 gousses d'ail
- + sel, poivre, 1 noix de beurre, 1 c à soupe d'huile

Le petit + d'Annabelle :
Pour un goût très subtil, remplacez le clou de girofle par une pincée de muscade râpée pendant la cuisson.

1 Épluchez les pommes de terre, les carottes et le céleri et **coupez-les en dés.** Épluchez les gousses d'ail et coupez-les en lamelles.
Faites fondre l'ail à feu doux dans une casserole à fond épais avec la noix de beurre et l'huile.

2 Quand l'ail est un peu « fondu » **ajoutez les dès de légumes** et remuez.
Laissez « confire » quelques minutes avant d'arroser avec un peu d'eau chaude, **ajoutez le laurier et le clou de girofle.** Salez et poivrez et laisser cuire 10 mn en couvrant.

3 Après cuisson (vérifiez avec la pointe d'un couteau que les légumes sont fondants), égouttez les légumes, retirez le laurier et le clou de girofle, et pressez-les avec une fourchette. Terminez avec un fouet, en ajoutant la crème fraîche.

Bettes en ragoût express

Préparation : 10 mn
Cuisson : 25 mm

1. **Lavez soigneusement les bettes** entières. Hachez-les grossièrement, les feuilles et coupez les côtes en morceaux. Épluchez l'échalotte et coupez-là finement

2. **Faites revenir l'échalote** dans une poêle à bords hauts, avec un peu d'huile. **Ajoutez les côtes de bettes.** Laissez cuire 5 min.

3. **Ajoutez les feuilles de bettes** puis les tomates coupées en 4 et remuez. Arrosez avec le vin, **saupoudrez de curry,** salez et poivrez, laissez cuire 20 mn sans couvrir, pour laisser évaporer au maximum.

Avant de servir, vous pouvez ajouter un peu de crème fraîche liquide, et parsemer quelques feuilles de coriandre hachées.

Ratatouille crue

Préparation : 10 mn
Réfrigération : 2h

+ 2 c à soupe d'huile d'olive
quelques feuilles de menthe

1. **Pelez l'aubergine** et coupez-la en rondelles puis coupez les rondelles en 2. **Saupoudrez de gros sel** puis malaxez un peu et laissez poser.
Faites tremper les tomates dans l'eau chaude 5 mn pour les peler facilement, puis débitez-les en très petits dés (réservez 1/3 des dés de tomate pour la sauce). **Pelez l'oignons** et coupez-le en très fines lamelles, puis en petits morceaux.

2. **Lavez le poivron** et coupez-le en très petits dés. **Débarrassez les aubergines du surplus de sel**, et assemblez tous les légumes.

3. Dans un bol, **malaxez le pesto, le jus de citron** et la dernière tomate écrasée en purée. Assaisonnez les légumes, mélangez-les sans les écraser et décorez de feuilles de menthe ciselées.

Crème de Radis noir

Préparation : 5 mn
Pas de cuisson

1. **Épluchez le radis noir** et coupez-le en gros dès.

   Lavez effeuillez et ciselez la coriandre.

2. **Mixez la chair du radis** et ajoutez le fromage blanc avec les feuilles de coriandre ciselées. Salez et poivrez **et malaxez bien.**

3. Servez cette crème dans un bol en accompagnement d'une salade ou de légumes crus coupés en bâtonnets.

Sauce hollandaise rapide

Préparation : 15 mn
Cuisson : 15 mn

1. Pressez le jus du citron. **Battez le jaune d'œuf avec 1 c à soupe d'eau froide.** Faites fondre le beurre dans une casserole au bain marie.

2. **Quand le beurre est mousseux,** ajoutez le jaune d'œuf et continuez de battre très énergiquement avec un fouet. Après 3 mn de cuisson, **ajoutez la crème fraîche liquide lentement,** en continuant de remuer. Poivrez légèrement.

3. Laissez encore cuire très doucement pendant 5 mn et **ajoutez enfin le jus de citron.** Mélangez énergiquement, et servez rapidement.

servez avec les papillottes de poisson page 83

Salade aux fleurs de capucines

V

Préparation : 10 mn
Pas de cuisson

- 2 c à soupe d'huile
- 1 c à soupe de vinaigre de xéres
- 1 petit fromage de chèvre frais (50 g)
- 1 salade de jeunnes pousses
- 8 fleurs de capucines

Riche en vitamine C la fleur de capucine est consommée crue, elle ajoutera une saveur piquante et aromatique à votre plat (salade, œufs etc)

1 **Lavez les feuilles de salade** et présentez-les dans le saladier.

2 Préparez une vinaigrette avec l'huile d'olive et le vinaigre de Xéres selon votre goût, salez et poivrez.

3 Présentez la salade dans un plat creux, **émiettez le fromage de chèvre** et disposez les fleurs de capucine au dessus, présentez la vinaigrette à part. Décorez de ciboulette.

Canapés de Radis noir au thon

Préparation : 10 mn
Pas de cuisson

- 2c à soupe de fromage blanc
- une boîte de thon au naturel
- 1 radis noir (300g)
- 5 branches de persil plat

une idée pour changer des canapés traditionnels

1 **Épluchez** et lavez le radis noir. Séchez-le avec un papier absorbant. Lavez et éffeuilllez le persil.

2 **Découpez-le en rondelles** (1/2 cm d'épaiseur) sur toute sa longueur.

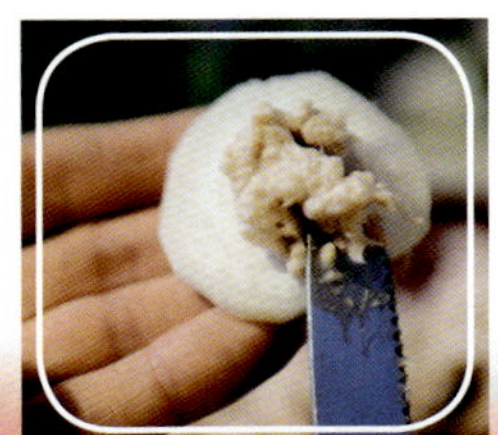

3 **Égouttez le thon** et écrasez le avec une fourchette pour le mélanger au fromage blanc.
Étaler cette mousse de thon sur les rondelles de radis, et décorez de persil plat.

Artichauts Vinaigrette

Préparation : 5 mn
Cuisson : 20 mn

1 Coupez la tige des artichauts et citronnez l'extrémité. **Faites cuire les artichauts** dans l'eau bouillante salée 20 minutes.
lavez le persil épluchez les échalotes et émincez-les

2 **Préparez la vinaigrette :**
Dans un bol, mélangez les échalotes hachées, la moutarde, le persil haché, le vinaigre et l'huile.
Ajoutez le jus de citron et réservez.

3 Lorsque les artichauts sont cuits, mettez la casserole **sous l'eau froide pour arrêter la cuisson.** Égouttez les artichauts et dressez-les dans les assiettes. **Fouettez la vinaigrette** et servez les artichauts tièdes, avec un peu de tapenade et des tranches de pain grillé.

Salade de Betterave crue aux pommes

Préparation : 15 mn
Cuisson : 15 mn

⊕ Huile d'olive, Vinaigre, Sel et poivre

1 **Lavez soigneusement la betterave** pour éliminer la terre et épluchez-la avec un économe.

2 Coupez-la en gros quartiers.
Épluchez les carottes et la pomme.
Pressez le jus d'un 1/2 citron. **Râpez d'abord la pomme,** puis les carottes et enfin la betterave.

3 **Dressez séparément** dans un grand saladier et arrosez de jus de citron.
Préparez la vinaigrette dans un bol, ajoutez l'échalotte coupée en très petits morceaux.
Salez et poivrez. Décorez de persil plat.

Blanquette de veau mini légumes

Préparation : 20 mn
Cuisson : 30 mm

+ Sel / Poivre,
3 Cs de sucre en poudre,
2 c à soupe d'huile d'olive pour la cuisson
thym, laurier, 1 bouquet garni voir page 74

1 Placez les morceaux de viande dans une grande casserole et couvrez d'eau froide salée et un 1/2 citron et portez à ébullition, **écumez soigneusement.**

Épluchez les légumes pour le bouillon, coupez-les grossièrement **ajoutez-les à la viande.**

2 Ajoutez l'oignon piqué d'un clou de girofle, les carottes, le poireau, le navet, et le bouquet garni. **Laissez mijoter** pendant 1h15 à couvert.

3 Lavez-les mini légumes et **faites-les cuire séparément** dans l'eau bouillante salée dans l'ordre suivant : fenouil / carottes / poireaux / pois gourmands. Chaque légume doit rester un peu ferme. Retirez chaque légume après sa cuisson et faites-le rafraîchir dans l'eau froide pour stopper la cuisson. Égouttez et réservez au chaud.

4 Coupez et faites sauter les champignons dans l'huile d'olive. **Glacez les oignons** (voir page 33). Hachez le persil.

5 **Aprés cuisson, sortez la viande et les légumes de la casserole,** et **filtrez le bouillon** récupérez-en 1 litre que vous mettrez dans un autre faitout. Dans une casserole à fond épais, **faites fondre le beurre,** ajoutez la farine en une seule fois, mélangez, laissez cuire 2 mn à feu doux puis laissez refroidir. **Ajoutez ce roux dans le bouillon filtré,** portez à ébullition en mélangeant au fouet, ajoutez la crème fraîche et le jaune d'œuf (veillez à ne pas « cuire » l'œuf), puis laissez cuire a feu doux (la sauce doit napper la cuillère).

Disposez les morceaux de veau dans le plat de service et nappez de sauce. Disposez les mini légumes et les petits oignons, parsemez le persil haché.

Pesto de Cresson

Préparation : 10 mn
Cuisson : 30 mn

1 Lavez et **effeuillez le cresson** et laissez égoutter.

Faites tièdir l'huile d'olive dans une casserole (sans la cuire) avec la gousse d'ail épluchée et coupée en 2.

2 **Faites dorer les pignons de pin** dans une poêle sans matière grasse, en remuant pendant 2 mn.

3 Quand l'huile est tiède, mettez-la **dans un grand bol et ajoutez les feuilles de cresson.** Recouvrez d'un film alimentaire et laissez infuser 5 mn.

4 Mettez le cresson infusé **dans le bol du mixer** avec les pignons de pin grillés, les copeaux de parmesan et le jus de citron.

5 Salez, poivrez et **mixez 1 mn.** Ajoutez 2c à soupe d'eau bien fraîche pour que l'émusion tienne bien et mixez encore 2 mn.

Présentez le pesto de cresson dans un plat avec quelques crevettes grillées par exemple.

Chef

Crumble de courgettes
à la menthe et feta

Préparation : 20 mn
Cuisson : 30 mm

Le petit + d'Annabelle : Pour un goût plus soutenu, on peut ajouter 50 g de parmesan rapé à la pâte

+ 2 c à soupe de semoule fine, sel/poivre

1 Lavez les courgettes, ôtez les extrémités puis **râpez-les finement, sans les éplucher.**

2 Une fois râpées, **pressez-les bien entre vos mains** pour extraire un maximum de jus et **saupoudrez de semoule,** mélangez.

3 **Lavez et ciselez les feuilles de menthe** et mélangez-les aux courgettes râpées, **ajoutez la feta (ou le fromage de chèvre),** poivrez et mélangez. (Il est inutile de saler si vous utilisez de la feta).

4 **Préparez la pâte à crumble :** écrasez grossièrement les pignons de pin. Travaillez rapidement la farine, le sel et le beurre entre vos doigts pour «sabler» la pâte et ajoutez l'huile d'olive et **les pignons de pin en fin de pétrissage.**

5 Beurrez légèrement les mini-cocottes et remplissez-les au 3/4 de courgettes râpées et **émiettez la pâte sur le dessus.**
Enfournez les cocottes 20 mn à 180°.

Flan d'ail l'émulsion de Persil

Préparation : 10 mn
Cuisson : 30 mn

Sel, Poivre, une noix de beurre (moule)

1. Épluchez la tête d'ail et ôtez les germes si besoin.

2. **Faites cuire les gousses d'ail** dans le lait et la crème mélangés pendant 20 mn.
Après cuisson, mixez le tout.

3. **Battez les œufs** et ajoutez-les hors du feu au mélange ail-crème.
Salez, poivrez et ajoutez la muscade.
Versez dans des ramequins beurrés.

4. Placez les ramequins dans un lèche frites rempli d'eau et faites cuire au four à 120°C au bain-marie pendant 40 min.

5. Préparez l'emulsion de persil lavez le persil et mixez-le avec 1/2 verre d'eau fraîche + 1 pincée de sel et un peu de poivre (utilisez 1 mixer électrique pour un résultat très fin).

Après cuisson, laissez tièdir les ramequins puis démoulez les flans et nappez d'émulsion persil.
Décorez d'une gousse d'ail blanchie et un peu de persil.

L'autre TABOULÉ

Préparation : 20 mn
Cuisson : 30 mm

L'idée du chef :
Emportez ce taboule en Pique-nique ! Transporté dans un bocal hermétique, il sera un succés !

1 **Lavez le 1/2 chou-fleur** séparez les bouquets, et **râpez finement.** Coupez les tomates séchées en trés fin morceaux, et mélangez-les au chou-fleur râpé.

2 lavez le 1/2 chou-fleur séparez les bouquets, et râpez finement. Coupez les tomates séchées en trés fins morceaux, et mélangez les au choux-fleur râpé.

3 Pelez et **dénoyautez la mangue** réduisez-le en purée. Versez sur le chou-fleur.

4 Mélangez bien tous les ingrédients. Salez et poivrez, **ajoutez l'huile d'amande.**

5

Pour dresser le taboulé en assiette, remplissez les disques, tassez avec une cuillère, puis démoulez. Décorez de zestes de citrons vert et de la coriandre.

Noix de Saint jacques en Croûte de Quinoa

Préparation : 10 mn
Cuisson : 30 mn

Conseil du chef :
cette recette peut se préparer la veille. Dans ce cas, arrêtez la préparation après la cuisson à la poêle et réservez au congélateur. Avant de passer à table, vous cuirez les noix de saint jacques au four.

1. Plongez le quinoa **dans une casserole d'eau froide** non salée, puis portez à ébullition pendant 10 mn, puis égouttez-le.

2. **Nettoyez et hachez les champignons** finement. Épluchez et hachez l'échalote. **Mélangez l'échalote et les champignons** et faites-les dessecher dans une poêle sans matière grasse, à feu vif, remuez pour que le fond n'attache pas !

3. Quand le mélange est bien desseché, ajoutez une c. à café de concentré de tomate, **et le quinoa bien égoutté. Faites dorer les pignons de pin** dans une poêle sans matière grasse pendant 2mn en remuant constamment.

4. Réduisez-les grossièrement en miettes. Et **ajoutez-les** au mélange champignons-échalotes-quinoa, **ajoutez le blanc d'oeuf sans le battre,** salez et poivrez, et malaxez bien pour obtenir une pâte onctueuse.

5. Placez les noix de Saint Jacques sur une grande assiette.
Préparez des boulettes avec le mélange champignons-quinoa, en roulant le mélange dans la main.
(vous pouvez ajouter un peu de farine pour que les ingrédients se lient mieux.)
Sur chaque noix de Saint Jacques **placez une « galette » de panure** de quinoa puis retournez-les pour garnir l'autre face.
Placez l'assiette au congélateur quelques minutes pour que l'ensemble se maintienne bien.
Faites chauffer 2c. à soupe d'huile dans une grande poêle et faites dorer les noix de saint jacques panées, 2mn sur chaque face, puis **faites cuire les noix de saint jacques 10 mn au four à 180°.**

Servez les noix de Saint Jaques avec la purée de Panais page 89

TABLE DES MATIERES

Les recettes sont prévues pour 4 personnes

Recette végétarienne
Recette sucrée
Recette utilisant des conserves
Recette vegane
Recette chef

Découvrez aussi des mêmes auteurs :

« Que faire de simple aujourd'hui avec les légumes frais ? »
« Que faire de simple aujourd'hui avec les fruits frais ? »

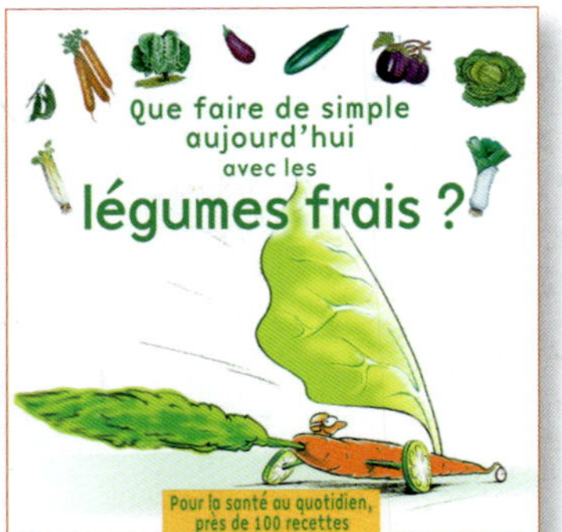

ISBN 978-2-9529842-0-1

100 recettes simples et saines pour la santé au quotidien.
Les poireaux, asperges, épinards, tomates, carottes... 20 légumes les plus courants qui n'auront plus aucun secret pour vous,
même si vous n'y connaissez rien en cuisine.

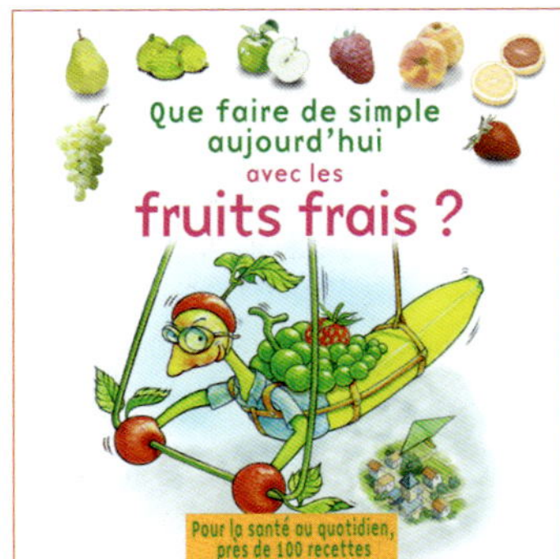

ISBN 978-2-9529842-2-5

Des idées sucrées ou salées pour mettre les fruits à tous les repas ...
à toutes les sauces.
Un livre pour consommer au quotidien des fruits frais et connaitre leurs qualités nutritionnelles.
Des recettes à la portée de tous !

Version Anglais UK

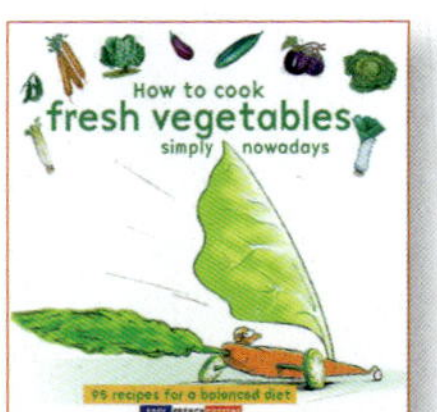

ISBN 978-2-9529842-4-9

Version Anglais US

ISBN 978-2-9529842-5-6

Version Allemand

ISBN 978-2-9529842-6-3